飞得更高

——朋友眼中的陈玮

主　编　张家卫
副主编　刘丹栋

中国華僑出版社
·北京·

图书在版编目（CIP）数据

飞得更高：朋友眼中的陈玮 / 张家卫主编. — 北京：中国华侨出版社，2021. 6
ISBN 978-7-5113-8490-4

Ⅰ. ①飞… Ⅱ. ①张… Ⅲ. ①陈玮（1971-2018）—纪念文集 Ⅳ. ①K828. 8-53

中国版本图书馆CIP数据核字（2020）第 253185 号

飞得更高——朋友眼中的陈玮

主　　编 / 张家卫
副 主 编 / 刘丹栋
责任编辑 / 高文喆　桑梦娟
图书策划 / 李佩明
图片编辑 / 赵　倩
封面设计 / 何洁薇
经　　销 / 新华书店
开　　本 / 710毫米 × 1000 毫米　1/16　印张/ 21　字数/ 326 千字
印　　刷 / 北京天正元印务有限公司
版　　次 / 2021 年 6 月第 1 版　2021 年 6 月第 1 次印刷
书　　号 / ISBN 978-7-5113-8490-4
定　　价 / 87. 80元

中国华侨出版社　北京市朝阳区西坝河东里77号楼底商5号　邮编：100028
法律顾问：陈鹰律师事务所
发 行 部：（010）64443051　传　真：（010）64439708
网　址：www.oveaschin.com　E-mail：oveaschin@sina.com

献给陈玮——

一个卓越的海外中国人

献给陈玮的父亲、母亲——

他们养育了一个如此平凡而伟大的儿子

▶ 陈玮和朋友们进行四机编队飞行

▶ 驾驶 L-39 战斗机前核对项目清单

▶ 快乐飞翔的陈玮

➤ 陈玮与以他的名字命名的 TBM700 N168CW 飞机合影

➤ 陈玮与他收藏的“玉娇龙”L-39 战斗机

➤ If Your Dreams Don't Scare You, They're Not Big Enough.（如果你的梦想没有吓到你，那它们还不够大。）这是陈玮的人生信条，也是常常分享给朋友们的一段话

➤ 模拟空战飞机图片

➤ 思凯飞行俱乐部考察活动

驾驶 L-39 战斗机空中翱翔

Boeing Stearman 双翼机

陈玮在非洲（1）

陈玮在非洲（2）

陈玮在非洲（3）

陈玮在南极科考站

加拿大 Snow Bird 孟菲斯表演

➤ 无论到哪里心中都有佛祖，也为了虔诚的妈妈祈愿

➤ 陈玮在主持活动。这件蓝色唐装是陈玮近年来最喜欢并且出镜率最高的中国传统服装

➤ 最开心的就是吃到妈妈做的菜

➤ 即将起航

图片编辑 / 赵倩

— *Preface* —

序 一

【作者】罗伯特·皮廷格（Robert M. Pittenger）

【译者】奚卫林

用热爱把中国和美国联结在一起

伊莎贝尔、伊丽莎白、斯黛芙妮、赛布林娜，陈玮的家人和朋友们，在今天这个悲伤日子，我不禁想起陈玮，他在聚会上总是面带微笑，让在场的人特别开心。我同他是通过我儿子博比认识的，我从来没听他们负面地谈论哪个人，他们两人关系也特别好，博比跟我说过很多次陈玮是他最好的朋友。从政人的生活总是有很多挑战，陈玮经常给博比打电话问候他的情况，以朋友的身份对他真诚地表示关心。

我在几个场合同陈玮接触过，有一次我们一起出席在中国深圳的“青年总裁组织”的会议并讲话；还有一次他在美国驻中国使馆一个晚宴上安排我演讲；他还很热情地出席我女儿的婚礼，第二天同我们一起吃午餐。每次同陈玮在一起，我都能感到他总是在鼓励别人，支持别人，是别人的朋友。

在一般的墓碑上，你能看到某某生于某日，卒于某日，中间有条线把这两点连在一起，这条线不可小视，陈玮的这条线所代表的内容无比丰富，也对他人有很重要的意义。陈玮热爱他的家人，热爱美国，也热爱他的祖国中国，他花费了大量的时间和努力把他热爱的两个国家联系在一起，让双方加深了解以便有更好的共同未来。

陈玮和我都喜欢罗伯特·舒勒博士，他是一位著名的励志演说家，他在南加州洛杉矶附近建造了水晶教堂，曾在那儿主持一档电视节目叫“超强一小时”。他的演说打动影响了很多人，陈玮也是被他激励的人之一，我听他不止一次提到过，舒勒博士有一句名言是“看似不可能的情况有时会变成奇迹”；另一句是“宁可付出努力失败了，也不愿坐享其成”。这些话简直说的就是陈玮，他是那个随时准备端着水枪去扑灭地狱之火的人。舒勒博士喜欢圣经中的一句话，“我来到这世上是为了让世人活得更丰富”。陈玮把自己的人生过得充满激情，总是能把事情做得精彩大气。舒勒博士喜欢的圣经中的另一句话是，“上帝那么爱我们以至奉献了他唯一的儿子，相信上帝的人一定会得永生”，这句话每天都给我很大的鼓舞，也给我们带来很大的信念和安抚，我们也从陈玮兄弟身上感受了巨大的爱。

为了表示对陈玮和家人的敬意，让我把一面在首都华盛顿国会山上飘扬过的美国国旗献给你们。

谢谢你们，愿上帝保佑你们。

（备注：本文为 Robert M. Pittenger 在陈玮葬礼上的发言。）

作者简介 罗伯特·皮廷格（Robert M. Pittenger），美国北卡罗来纳州前众议员。

译者简介 奚卫林，山东济南人，在国内从事英语教学。1994 年来美国后取得会计学位，一直从事财务工作。

— *Preface* —

序二

【作者】张家卫

天堂走好

陈玮的标签很多，真的一下子很难描述清楚。最有名气也是最值得中国人骄傲、他自己骄傲的故事就是首位环球飞行的中国公民。他也是海外白手起家创业成功的大陆新移民典范，是诚心诚意奉献慈善和公益的华人代表，是热爱中国也热爱美国的民间大使，是长辈们的贴心人、同辈们的朋友和伙伴、小辈们的导师和倾情支持者，是父母跟前的大孝子、弟弟陈理的好大哥，是中国人、美国人都喜欢和认可的人，是永远笑着和谦逊的外表之下，藏着一颗勇敢、坚毅和不服输性格的中国湖南人……

我与陈玮是好朋友、好兄弟，我们的结识是通过我的北大光华同学、陈玮所在的世界青年总裁组织 YPO 伙伴成员慧英女士引荐的。我们算是惺惺相惜，彼此成为良师益友，我对他评价很高、很钦佩，他也对我颇为在意和尊重。

2015 年，我去过孟菲斯，去参加由他担任年度主席的著名孟菲斯音乐节，这是该音乐节历史上的首位华人面孔操盘者，当年气势宏大，贵宾云集。他后来专程飞来温哥华参加我张罗的为加中体育基金会募捐的活动，还一起风尘仆仆地飞去威斯勒滑雪，住在我的家里一起大快朵颐、大口喝酒，也因而与我的一帮温哥华朋友成为亲密朋友和伙伴。他带着我们飞去洛杉矶附近的海岛，吃美国炸鱼，喝海岛啤酒，观太阳升起，手握驾驶杆亲自感受日落黄昏的大自然美景和城市的万家灯火……

我曾经与他一起商讨洛杉矶唐人街的规划，一起筹划并于后来撤回申请的美国银行，他还给了我一个好大的头衔——顾问董事会主席，作为商业银行落成后所有LP成员的召集和顾问决策。我们一起策划他的航空俱乐部，策划一起买飞机，策划一起让更多的中国企业家乘坐自己的商务飞机穿梭于中国和世界各地……

陈玮环球飞行所驾驶的飞机注册号是N168CW，是他精心编制的。他说："N"是美国的编号，"CW"是"陈玮"的汉语拼音首字母，"168"是中文"一路发"的谐音，希望好运随时相伴。

2013年，环飞结束后的第三年，他写了一本书《云上八万里：中国公民首次环球飞行》。在引言中，他提到了一位同样是中国通用航空界的先驱杨笑侬先生。他写道：2011年6月18日，一次水上漂流时发生的意外夺去了他年仅40岁的生命。痛心之余，我意识到人生无常，能走到今日真的是命运对我的眷顾。

五年后，2018年12月20日，陈玮驾驶他的塞斯纳560喷气式公务机在美国亚特兰大不幸坠机，四人遇难，包括他自己及他最好的朋友和合伙人兄弟陈江，都一起走了。飞机的注册号是N168CW，但这一次天妒英才，好运并没有眷顾。

得知陈玮出事的消息，我当时正在纽约，完全无法相信，这家伙是那么高大和自信，像牛仔一样热血奔腾，像牛一样强壮和精力旺盛，他对世界和每一个人都是阳光满满，他的驾驶技术甚至已经远超环球飞行的时候……怎么会？怎么会？……那一夜我没睡，糊里糊涂写了一篇文字《沉痛悼念陈玮兄弟》，我将他的所有照片都变成了黑白！回到加拿大UBC大学千人跨年演讲的时候，提起他，忍了又忍，还是泪湿了眼眶。

陈玮曾经给我讲过一个故事，一个居住在洛杉矶的美国人家庭，孩子紧急需要去纽约医院急诊，但是各大航空公司的航班时间已经来不及了，慕名找到了他，他二话没说，立即答应下来，并以最快的速度联系和安排好运输飞行的有关细节，将患者安全及时地送达纽约，只收取了燃油费用。具体的细节因为过去许久，我已经记不清楚了，只记得他是与我聊天时轻描淡写地说起，他觉得这是应该做的事，能够在别人危难的时候提供帮助是人类的一种基本美德。

想起我与陈玮的交往，印象深刻的一次是在洛杉矶尔湾 Evan 家里的一次长谈。头天晚上大家酒喝得有点多，他也就留下不走了，自己抱着被子睡在楼下客厅沙发上，我半夜醒来下楼去找水喝，惊醒了他。他睁开眼睛看看是我，就爬起来说:“教授，聊一会儿呗！”我看了看表，才早上 3 点钟！看着他已经坐起来，就说“好吧”。

我们一直聊到早上天亮，聊到 8 点多钟其他朋友晨起。陈玮给我讲了他从小到大的故事，也讲了他的父母和他好多朋友，讲了他的困惑和愤懑，更讲了他的人生选择和理想。我记得我也讲了很多，讲述了我的理念和选择，还与他探讨了一些不同，他虚心地接受了。我比陈玮虚长几岁，因此也常常以兄长自居，他倒是也非常乐意以此相待。

2017 年，我去洛杉矶参加一个他支持的慈善活动，帮助橙县华人商会基金会（OCCACCF）为出身寒门的海外华人学生募捐奖学金。

陈玮上台分享了他青葱岁月的美国留学故事。他出身于并不十分富裕的湖南家庭。他说:“我当年有机会留学美国攻读 MBA，父母尽管已经很尽力，但还是不能够完全支付我的学费，是学校给了我继续完成学业的奖学金支持。因此，我一直将这一份感恩牢记在心并坚持上进，也因此知道奖学金或者助学金的设立对于寒门学子而言是一件雪中送炭的事情。尽管我后来由于事业上的成功，十倍于回馈学校，但是我知道这只是一个人的回馈，而非全部的社会慈善生态。美国是一个给予的社会，20 年来，我捐赠于美国本土很多的慈善事业，我赢得了美国人的尊重，而这份尊重，不是因为我得到了多少或者财富多少，而是因为我的给予和回馈！

“来美国这么多年，与美国的主流或者非主流社会打交道，我观察到这样一个现象：我们华人在美国有 480 万人，是美国人口的 1.5%；而犹太人也只有 680 万人，是美国人口的 2.1%，但是犹太人在美国的力量全世界都知道，而美国人也以拥有犹太人朋友充满荣誉感。因此，我总在想，什么时候我们可以让美国人自豪地拍着我们的肩膀说‘我是中国人的朋友’，这是我的梦想！

“1995 年当我来到美国的时候，我们中国人都没钱，而今天的中国人都有钱，祖国的强大是我们中国人的骄傲。让我们一起团结并且努力，共同奉献和给予，来赢得中国人应有的被尊重！”

当时，陈玮母亲参加了一个妈妈团临时编排的哑语舞蹈，节目叫作“感恩的心”，让我记忆深刻，耳边至今还常常回荡着那首永远不会过时并且会永远令人感动的音乐。

陈玮走后，他的母亲佩姐有一个小群，都是陈玮的挚友亲朋，佩姐几次想散了群，但是大家都执着地不走。2020 年 7 月的一天，佩姐给我发了一条信息说：“我想在您的时间允许范围内，以您对陈玮的了解和我的口述实录，写一篇关于陈玮一生的文章，可以吗？”读到了这条群里 @ 的信息，我立即应承下来，回答说：“一定！”

我不是作家，仅仅是一个喜欢读书和写字的人，是陈玮认可的好兄弟之一。我觉得，答应佩姐的请求并努力去做好这件事，要胜过一切追忆的万语千言。

我们建立了一个“陈玮缅怀录”的编撰小群，决定以“朋友眼中的陈玮”为编撰视角，历时半年多时间，进行了无数人次的沟通和交流。因为新冠肺炎疫情，作者们无法见面，我们前后召开数次线上会议，来自世界各地的五十几位陈玮生前好朋友代表聚在一起，希望用回忆的方式缅怀陈玮，让陈玮永远定格在大家心中，让更多的人认识他，知道世界上曾经飞翔着一个中国人的骄傲。

记得我们开始时候的线上会议，总是没有办法按时结束，因为要求每人两分钟的发言时间，每一次都变成了每一位对陈玮的追思，禁不住地一次又一次地热泪盈眶。每一位的陈述都要多于 10 分钟，但是每一位似乎都没有超时，因为我们都没听够。

这本书的作者来自世界的四面八方，都是各行各业的精英，但是大家的共同标签都是“陈玮的朋友”。作为这本书的主编，我仅仅是一个组织者，我主持的每一次会议，都是一种心灵的洗礼和人生新的感悟。我说：“陈玮以 47 岁的年龄活出了生命的宽度，让我们懂得了生命长度的意义。那么，每一位大家的发言都没有超时，因为大家用自己的理解注释了 2 分钟的意义，那就是陈玮永远与我们在一起。”

本书的作者们仅仅是陈玮朋友的一小部分，更多的朋友以不同的方式表达着哀思和怀念。本书的缅怀也仅仅是陈玮生前事迹的一部分，更多的故事藏在更多人的心中，温暖着世界。我与作者们交流写作要求的时候，我说，只有四个字“真实、用心”就好了。

当我阅读着每一位作者传过来的缅怀文字，常常禁不住热泪盈眶，深刻感受到了每一位作者的“真实”和“用心”，感受着陈玮作为一个普通中国人平凡中的伟大。

陈玮走后，很多朋友在网上自发地为陈玮留言，有感怀、有诗作，也有自己日常生活的点滴要和陈玮唠一唠。本书在附录二部分收录了部分网友留言，由于时空所限，本书编写组不能一一与网友联络核实，敬请谅解，但是每一条或长或短的留言都足见一份情深义重。

本书的编撰凝聚着“陈玮缅怀录”编撰小群 50 余位朋友的支持，凝聚着每一位作者的追思和心血。作为陈玮的朋友，也是本书的主编，我要特别感谢副主编丹栋女士和编撰联络兼图片编辑赵倩女士，她们虽来自张家卫工作室，却都是本书默默无闻的志愿者，倾注了大量精力和时间。

陈玮去世之后，我曾经与朋友鹰熊和蔼闻一起去美国洛杉矶探望他的母亲和父亲，尽管两位老人非常坚强，但是其心情又岂能用“坚强”二字可以表达。在编撰这本书的过程中，我们无时不在感受着二老的悲痛和期盼。每当二老言说“感谢”的时候，我觉得作者之一、湖南卫视李锐的话最能代表大家的心声，那就是“晚辈们都是你们的儿女！”

这本书的出版，还应该感谢加拿大天鹅农场的主人朱晓鸣女士的推荐以及中国华侨出版社的认真、用心的编辑和安排，把陈玮的事迹分享给更多的人看到，激励到更多的华夏儿女。

我与陈玮相识五年，却是缘分一生！如同我们每一位作者共同的心声一样：我会永远保留着您的微信号！

“我知道我要的那种幸福，就在那片更高的天空……”汪峰的这首《飞得更高》是陈玮最喜欢的歌，无数次陪伴他翱翔天空。不约而同地，我们想把这本书名定为“飞得更高”，因为陈玮的一生，不但实现了飞的梦想，飞出了高度，创造了记录，他在诸多方面的卓越追求使他比常人飞得更高；如今他先走一步，到了九天之上，那是更高的地方——

陈玮兄弟，天堂走好！

张家卫

2020 年 12 月 1 日

张家卫　北美知名学者、小众行为学研究基金创始人。

— *Preface* —

序三

佩姐的一封信

亲爱的家人们，读者朋友们：

大家好！

首先感谢缘分能让我们在《飞得更高——朋友眼中的陈玮》这本书中相遇，感谢北美温哥华著名作家张家卫教授带领的团队，无偿为本书编辑所做的大量工作，他们将陈玮生前及世界各地好朋友对陈玮的思念收集在一起，编写出这本书实属不易。在此，我代表全家向参与本书编辑的所有朋友们感恩合十，恭祝大家身体健康，家庭事业双丰收，人生路上长长久久，珍惜人生，珍爱生命，健康幸福每一天！

朋友们，当你们认真读这本书时，我的儿子陈玮已经离开这个世界两年了，我无时无刻不在想念他，呼唤他，回忆他的点点滴滴，感恩他用孝顺，努力陪伴了我 47 年之久。玮儿从小很乖，聪明懂事，20 世纪 70 年代初出生的人，家庭条件都不好，因为我们都要工作，只好把 3 岁多的他交给我的祖父带着在湖南老家望城住了几年，直到快上小学一年级才把他接回身边。

玮儿心地善良，爱心有加，1995 年赴美求学，1998 年完成 MBA 工商硕士学位，自主创业，经商成功以后，秉承回馈社会的责任感，创立大 Memphis（孟菲斯）华人联合会，牵头组织每年的华人春节联欢晚会，并曾为 Memphis 大学设立奖学金，资助贫困学生。环球飞行期间，许多企业提供的赞助，他分文不取，全额捐赠给白血病儿童医院，金额超过 25 万美元。在北京跟好友仇序等人成立同心圆慈善基金会，多次募集善款，救助白血病儿童患者，让他们得以新生。

2011 年 5 月他作为中国公民环球飞行第一人，成功飞行回来后，写了两本书（中文:《云上八万里：中国公民首次环球飞行》，英文：*Around the World in 69 Days*），书中都有详细记录：他对母亲、家人的感情，以及怎样克服重重困难，一路做慈善，圆满完成环球飞行，成功降落首都国际机场，创造了中国公民环球飞行第一人的世界纪录。

玮儿人虽在美国，却情系祖国，我记得 2015 年习近平主席出访西雅图，他非常荣幸受大使馆邀请，参加了习主席接见美国各界知名人士的活动，他非常激动，带上我和他父亲一起去西雅图参加活动，回来以后非常兴奋地跟我们描述，并对祖国美好未来的发展充满信心和期待。

玮儿热爱飞行，对祖国的航天事业倍加关注和支持，多次自掏腰包支持祖国的航天事业。2018 年 7 月在郑州举行的航展上，他带头邀请世界各地的私人飞机拥有者（其中年龄最大的 90 岁，最小的 21 岁）积极参与本次活动，为开拓祖国私人飞行领域起了积极促进作用。

在这里想回忆的事情实在太多太多，然而我始终认为他一直在我身边，不曾远离，我每天眺望星空，和他对话，我能感受到他对我的关注和爱。同时我相信他一定会乘愿再来，和我们再续前缘，完成他的未竟事业和心愿。衷心地感谢玮儿的所有朋友，用不同的方式将他的点点滴滴在这里还原呈现，为本书注入鲜活的灵魂。写这本书的目的，一是为了纪念他，追忆一个普通的中国年轻人在海外的励志奋斗史；二是为了激励所有的年轻人，人生有目标、有追求、有梦想。奋发图强，为国争光，做一个坚强的中国人！谢谢大家！

李佩明（佩姐，陈玮母亲）

写于 2020 年 11 月

乐诚堂现貌

陈玮、马方、袁坚三个小伙伴青年时期

1932 年建成的明德中学教学大楼乐诚堂，由著名工程专家周凤九设计，以胡元倓别号“乐诚老人”命名为“乐诚堂”，至今尚存。2006 年，乐诚堂公布为湖南省文物保护单位，成为百年名校永远的标志和象征

陈玮和初中同学在明德中学校园留影

两位小伙伴北京归来举杯庆祝文化衫售罄

陈玮和陈正红、袁坚

出国前夕，为陈玮饯行，同学们相聚在一起

陈玮当年游泳的泳池边的假山是经历了一个世纪的文物——左宗棠祠石山，2010年被长沙市文物局确定为不可移动文物

左宗棠祠石山背后纪念左宗棠的文襄园

陈玮和中学好友陈正红、马方在岳阳楼前合影

左宗棠祠石山背后纪念左宗棠的左公亭

第一次环球飞行后在北京站致辞

通过环球飞行，陈玮还实现了为儿童公益慈善募捐的愿望

陈玮不仅是首位完成环球飞行的中国公民，还是第一位驾驶单引擎私人飞机降落在北京首都国际机场的飞行员

陈玮在位于洛杉矶的机库里停放着 L–39 战斗机和中国军机初教六

陈玮和陈江赞助和倾力支持的 2014 大孟菲斯中国新春晚会

陈玮与爱好飞行的朋友在 L–39 战斗机上合影留念

陈玮在孟菲斯嘉年华皇家典礼与国王合影

➤ 受邀参加庆祝新中国成立 65 周年国宴

➤ 与吴炳林和友人在新中国成立 65 周年国宴上合影

➤ 与陈江和白捷游览巴塞罗那

▶ 参加《掌握洛克菲勒习惯》作者 Verne Harnish 举行的上海座谈会（1）

▶ 陈玮在《掌握洛克菲勒习惯》作者 Verne Harnish 举行的座谈会现场

▶ 参加《掌握洛克菲勒习惯》作者 Verne Harnish 举行的上海座谈会（2）

▶ 与《掌握洛克菲勒习惯》作者 Verne Harnish（中）在上海合影

▶ 陈玮在孟菲斯春节晚会上与陈思思合唱

参加陈玮的新书《云上八万里：中国公民首次环球飞行》发行活动的朋友们

《云上八万里：中国公民首次环球飞行》正式出版发行

《云上八万里：中国公民首次环球飞行》，陈玮 著，上海社会科学院出版社，2013 年 9 月第一版

《云上八万里：中国公民首次环球飞行》发行后，陈玮在复旦大学、同济大学、上海交大、华东师范大学、湖南大学、国防科技大学、明德中学演讲（1）

中国 AOPA 金乾生副理事长为新书赐墨

《云上八万里：中国公民首次环球飞行》发行后，陈玮在复旦大学、同济大学、上海交大、华东师范大学、湖南大学、国防科技大学、明德中学演讲（2）

➤ 中国公民首次环球飞行新闻发布会

➤ 飞虎队陈纳德遗孀陈香梅女士为《云上八万里：中国公民首次环球飞行》提笔留言（1）

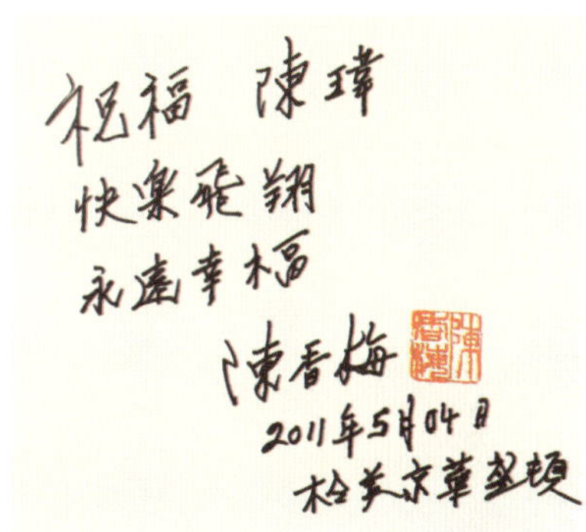

祝福 陳瑋
快樂飛翔
永遠幸福
陳香梅
2011年5月04日
於美京華盛頓

➤ 飞虎队陈纳德遗孀陈香梅女士为《云上八万里：中国公民首次环球飞行》提笔留言（2）

➤ 中国公民首次环球飞行亲朋好友送行

➤ 家人与朋友和陈玮在环飞的专机前合影

环球飞行抵达长沙后陈玮母校明德中学组团接机

环球飞行抵达西安航空基地蒲城机场

➤ 环球飞行抵达香港

➤ 与拍摄陈玮纪录片 *Chasing Dream*（《追逐梦想》）的美国好莱坞导演 Harrison Engle（曾拍摄《罗斯福传》《肯尼迪传》以及 80 多部好莱坞影片）合影

➤ 环飞出发前与厄尔·布兰肯希（Earl Blackenship）摄于孟菲斯

➤ 飞进中国大陆那个早上，厄尔·布兰肯希（Earl Blackenship）和陈玮在香港的 Peninsula Hotel 半岛酒店吃早餐

➤ 与美国国会议员 Robert Pittenger 和他的孩子合影

2015 年和厄尔·布兰肯希（Earl Blackenship）、姚明在上海的罗斯福俱乐部

与美国国会议员 Robert Pittenger 合影

陈玮与张家卫教授、杨宏鹏在温哥华 1029 咖啡俱乐部

2018 年 11 月，在洛杉矶为橙县华人商会基金会的海外华人学生募捐奖学金，张家卫教授、陈玮和美国银行总裁 Raul Anaya

2016 年 11 月 8 日，美国大选日，张家卫教授和陈玮与朋友们

2017 年 4 月，与张家卫教授在西雅图参加美丽都高端公寓项目封顶仪式

2015 年 9 月，陈玮专程飞到温哥华，为张家卫教授策划的“北京遇到温哥华”冬奥城市论坛募捐活动助阵

陈玮驾驶飞机载母亲出行

陈玮的父亲母亲

➤ 参加会议的陈玮

➤ 徐凡和陈玮（1）

➤ 徐凡和陈玮（2）

➤ 徐凡和陈玮（3）

图片编辑 / 赵倩

— *Contents* —

目录

PART 3　追求卓越：用苍鹰的视角俯瞰大地　85

PART 4　大爱无疆：一个都不能少　125

附录 263

PART 1

让梦想照亮人生

综 述

让梦想照亮人生

张家卫

如果知道自己不会失败，你将尝试做什么？

——陈玮

“如果知道自己不会失败，你将尝试做什么？”这是陈玮生前最常说的一句话，也是他的作品《云上八万里：中国公民首次环球飞行》中出现最多的句子。他用47年的短暂人生践行了这句话，让我们懂得生命的意义不仅是活着，而且是活得要像一个勇士，像一个英雄般的存在。

“如果知道自己不会失败，你将尝试做什么？”是一句名言，已经无法考证到底是哪位先哲说的，但是我知道这句话，并且亲身见证这句话的力量是从陈玮这里寻到了答案。第一部分【让梦想照亮人生】汇集了“朋友眼中的陈玮”片段，或许会让每一位阅读的人感受到更加真实的陈玮，感受到“如果知道自己不会失败，你将尝试做什么”的激励和力量。

陈玮在他的书中写道：“回顾过去，我的梦想似乎都是遥不可及的：我不懂英语，却梦想着去美国攻读MBA学位；我身无分文，没有计划书和投资人，没有社会关系和创业经验，却梦想开一家自己的公司；学习飞行仅两年，累计飞行时间不过500小时，却梦想成为第一个驾驶单引擎飞机环球飞行的中国人。我很幸运，能够在40岁之前完成这三个最大的梦想。亲爱的读者，你的梦想又是什么？‘如果知道自己不会失败，你将尝试做什么？’”

陈玮最喜欢的另外一句话是：“如果你的梦想没有吓到你，那它们还不够大！”（If your dreams don’t scare you，they are not big enough.）

陈玮把梦想当作他一生最愉悦的事情，因为梦想的追逐照亮了自己的人生，也照亮了世界。

橘子洲头的青葱少年

何璐璐

陈玮同学的最大特点就是他想到什么就会立马付诸行动，而且从来都不担心自己做不到。

求学时代的淘气小孩

1984年9月1日，明德中学开学第一天。

在乐诚堂C21班的教室里，孩子们在讲台前排队等待报到、领新学期的教材。队伍中，一位留着西式头、衣着时尚的小小少年引人注目，他身材瘦高，皮肤却白皙得让女同学羡慕，一双乌黑的大眼睛充满着幻想和好奇，本来个头儿已经很高的他还被一位洋气妈妈牵在手里，这在一群孩子中特别的扎眼。

这就是在明德中学同学们面前第一次亮相的陈玮。

陈玮的家就在学校后面一条狭窄而悠长的老街——西园社区群力里街道。这个社区包括左宗棠祠、李觉公馆等许多知名的历史人文景点，可谓一砖一瓦都有着悠悠的故事，在这样的文化浸染之下，陈玮度过了自己的青少年时期。

在西园街道的南侧有一个工人文化宫，这就是那个年代里老长沙在城北地区最高级的文化娱乐场所了。去文化宫看场电影，在修了假山的游泳池边游泳，参加一个兴趣培训班，这就是当时最潮的文娱享受，陈玮和社区周边的其他少年们一样热衷于此。

在文化宫，陈玮认识了他童年的小伙伴马方、袁坚。马方至今还记得，当年大家都是一样的年少且顽皮，在游泳技术还不是很好的情况下却喜欢偷偷跑到深水区挑战一米跳板。记忆中那些烈日炎炎的午后，三个初相识的小伙伴总是能准时在跳水区见面，游泳、跳水，切磋三流的自创跳水技术，在分享和陪伴中一起成长……

幸运的是，泳池边的好伙伴又相遇在明德中学乐诚堂报到的第一天，更不可思议的是，在同一个年级的几百名学生中他们被分到了同一个班，陈玮热情地招呼着他的小伙伴，露出一口细白牙齿的亲切微笑，完全没有了在母亲身边的那种羞涩和拘谨。

读初中的时候，陈玮是最典型的顽童代表，他爱好广泛，游泳、滑冰、桌球样样精通，好像总是没有足够的时间学习，却有足够的理由找到每一项娱乐的兴趣。也许是因为贪玩，抑或是因为性格开朗，他跟同年级很多同学，甚至高年级的同学关系都很好。理所当然地，陈玮好像并不受老师们待见的——因为他显然不是一个很听话的同学。

从卫生委员到学霸

同学们还记得陈玮竞选班干部的事儿：当时陈玮希望老师改变对他的看法。他积极参加班干部竞选，因为学习成绩始终是他的软肋。好不容易，在他的努力和其他班干部的极力推荐下，陈玮同学“捞”到了一个卫生委员。

卫生委员显然是班干部里面最不痛不痒、含金量最低的一个干部角色，但陈玮同学对于这个班干部的工作从来没有含糊过，哪怕是布置女生打扫女厕所，他都是一本正经、认认真真，打扫完还会在清场以后去检查。

卫生工作是管好了，陈玮把卫生委员当得风风火火，和其他班干部也打得热火朝天，但是，班主任老师对他的态度依旧是不冷不热，还隔三岔五地调侃一下他的学习成绩。

可能是当班干部的工作经历对他的学习起到了促进作用，也可能他希望得到老师们赞许的目光，他终于把学习成绩当一回事了。陈妈妈说，那一年陈玮突然间觉醒了，他人生第一次发现自己喜欢读书了。

那个学期他破天荒地考了数学科目班级第一名，其他科目也都在班级前几名，学渣摇身一变成为学霸，爆炸性的大新闻在老师们之间传来传去，冲击性大得连乐诚堂仿佛都被震荡了。

楼顶上的学生领袖

成了学霸的陈玮理所当然地升学到了明德中学的高中部。

高中是一个新的人生起点，陈玮似乎又找到了新的人生目标。他一如既往地热爱着跳水的刺激、滑冰的炫酷、在电游室里用操纵杆指挥着战斗机在蓝天翱翔的过瘾外，又突然迷上了武术。

陈玮同学的最大特点就是他想到什么就会立马付诸行动，且从来都不担心自己做不到。这一回他提高了难度系数，不仅自己要去做，而且在没有任何授权的情况下他要带领全班的男同学去做。

事情的缘起是当时风靡中国的武侠热，当时的中国电影和电视喜欢播一些武侠题材的作品：如《少林寺》《射雕英雄传》《天龙八部》《绝代双骄》等，在青少年中掀起了一场学武潮，再加上武术本身就是明德中学的特色教学项目，好几个体育老师都是从小习武，并在比赛中拿到名次的。陈玮热爱武学也是顺理成章的。

但是，这次他真的是大手笔。时隔多年，回忆当年，同学们还记得当时的场面比陈玮当卫生委员、安排学校大扫除的场面可要宏大得多。

他带领全班男同学（明德中学是传统的男生学校，当时的招生情况是每个班级有三分之二的男生）在他们家的楼顶练习站桩。

明德中学的男生用现在的话讲都是神兽级别，没有一个是让老师和家长省心的，能够这么齐心又步调一致地听从陈玮同学的召唤，下课后集中到一起练习站桩。除了陈玮似乎与生俱来的号召力外，还因为陈玮告诉他们，大家一起练磁场比较强，会发生共振。男生们都希望亲眼见证武侠小说和电视剧里面描写的场面。站了20多分钟，真的发生了让他们兴奋的事情——整个木结构的楼体嗡嗡作响。

陈玮在当卫生委员期间领导和组织能力都得到了锻炼，但是很显然，他并不满足于老师任命的这个卫生委员，他认为自己能够组织更大的场面，让自己影响到更多的人。就像集体练气功站桩产生磁场共振一样。

第一次当“小贩”

出国留学，或许是陈玮人生中第一个梦想。并且得以实现。

决定出国留学之前，陈玮在中南大学长沙铁道学院外语系的国际贸易专业学习。在当时，国际贸易是一个很时髦的专业，也是一个实践性和运用性很强的专业。

陈玮是一个行动派，他很幸运地被命运安排进入他喜欢和擅长的专业学习。

大一结束的那年暑假，头脑里面装了些许专业知识的陈玮又开始不安分起来。他发现在北京流行一种穿着舒服又方便的文化衫，他找到小时候跟他在工人文化宫游泳池边认识，后来又神奇地成为他初中、高中、大学的同班同学马方，他们决定去北京进一批这样的文化衫拿到长沙来卖。说干就干，陈玮和马方分别回家找父母募集了500元的“天使投资基金”，买了两张去北京的绿皮火车票，开始了他们人生的第一次贸易。经过20多个小时的晃荡，到达北京西站后，两人没有做任何停留，直奔秀水街进货，一番仔细挑选和讨价还价，进了200多件两个小老板都很满意的文化衫。因为买不到回程的车票，就是两张站票，满怀着希望和憧憬的陈玮硬是鼓励着从小就娇生惯养的马方同学和他一起在列车上站了二十几个小时回长沙。虽然最后卖文化衫的结果是不赔不赚，刚好持平，但他赚到了人生的一种经历，为他正式创业积累了宝贵的经验。

一双拖鞋、一件背心、一个夏天

想要出国深造，语言关是第一道坎，对于陈玮这种学习成绩不稳定又贪玩，还想法多的学生来讲，学好英语绝对不是件容易的事情。

20 世纪 90 年代的中国，出国留学的人还不是很多。语言培训也不像现在这样有规模呈产业化。当时，英语成为很多人出国的障碍。

很显然，陈玮的天性并不太适合背英语单词和反复枯燥的刷题，然而出国能够得到更好的深造机会、更加宽广的国际化视野、多元的文化熏陶不断地刺激和挑战着陈玮，有了这样的决心，他的英语能力不断提高，这一次他又战胜了自己，为自己的人生做出了重要选择。实现了他人生的第一个梦想。

出国前一年整个夏天，陈玮都把自己关在家里，一双拖鞋、一件背心，从早到晚仿佛世界只剩下了学习英语。

陈正红同学后来回忆，那段时间陈玮好像变了一个人，平时很在乎形象、穿衣总是很潮的陈玮在那一个夏天就是两件篮球背心，再也没有换过其他衣服。

还有一次陈正红去家里找他玩，走进房间，陈玮正在读英语，陈正红同学在旁边不忍心打断他，硬是在门口等了他半个小时，发现他完全没有停止的意思，才悄悄地离开。

跨越时间的友谊

去美国读书后放假第一次回国，陈玮一身棒球服和一顶棒球帽，兴致勃勃地和同学们分享在美国求学的经历。运气很好的他得到了教授的奖学金，这在学商科的学生里面是很难得的，他感恩教授对他的帮助，也以极大的热情对待学习，这次他比在明德中学考了数学第一名的时候更加明确地知道自己原来是爱学习的，甚至超过了爱玩。

从教授那里学到的知识他都毫不吝啬地与同学们一起分享：肯德基和麦当劳多年以来一直相爱相杀的市场竞争原理、看不见的手怎么悄悄地对市场资源起调节和配置的作用、有效沟通的技巧、在团队中包容谦让保持团队和谐的重要性……每次回国陈玮都会利用有限的时间安排好对亲情和友情的维系。

陈玮特别看重同学情谊。有一回正逢他回国赶上了陈正红同学筹备结婚。陈正红同学跟陈玮真正同窗不足两年，却延续了一生的情谊，这是陈玮 2018 年最后一次跟陈正红同学见面的时候总结的。听说老同学要结婚了，陈玮由衷地高兴，跑到新房看看还缺什么东西，他亲自去商店购买。等到婚礼当天，虽然在国外读书几年的陈玮已经不太熟悉路线了，还是踊跃地要求凌晨起床摸着黑出发去望城接亲，最后终于还是走丢了。当他赶上接亲队伍以后，立马下车放了挂鞭炮表示祝贺。此后的行程中，新娘家亲友对这位高情商的接亲司机赞不绝口，他作为新郎的亲友团代表绝对成为加分项。

几年之后，陈玮在美国学成毕业。对于大多数留学生而言，留美找工作还是回国发展是一个两难选择，陈玮却没有选择这两个选项中的一个，而是选择了更为“宏伟、艰难而大胆的目标”——自己创业。在这个过程中他享受着成功，也不断地思考“如果知道自己不会失败，你将尝试做什么”。

不论是在青涩的学生时代，还是成为成功的企业家之后，陈玮对于跟他一起长大的小伙伴而言都是如兄如父一般的存在，跟他的情分是同学们这一辈子得到的老天爷最最珍贵的馈赠。

陈玮已经离开我们两年啦！带着他的梦想和抱负，留给我们甚至是下一代对人生的激励和思考：“如果知道自己不会失败，你将尝试做什么？”

（备注：本文由何璐璐同学根据陈玮生前好友、同学马方、陈正红、彭亚平、周丹等口述整理撰写。）

作者简介 何璐璐，陈玮的发小，初中、高中明德中学同学，死党同盟。与文章中提到的马方、袁坚、陈正红以及徐瑛、李梅等同学一起走过纯真的学生年代，主要见证陈玮在国内的成长以及如何努力一步步实现了自己的人生第一个梦想——出国留学。

八万里云天与三个梦想

谢作钦

陈玮在父母心中，是一个十分优秀的儿子；在美国商界，是一位非凡的青年企业家；在华侨华人中，是一位杰出的爱国侨领；在孟菲斯市长眼中，又是一位受人尊敬的顾问；在世界飞行领域，他创造了多项海内外奇迹……

永失陈玮

2018 年 12 月 20 日，这是一个黑色的日子。

美国佐治亚州的一起空难事件夺走了四个人的生命。

据美国媒体福克斯新闻网报道，当地时间中午 12：15 左右，一架小型私人公务机在美国亚特兰大市的一个公园内坠毁，造成机上四名乘客全部遇难，其中一名遇难者是中国环球飞行第一人、美国商翔实业公司、美国阳光资本及思凯航空创始人兼 CEO、洛杉矶及孟菲斯商业领袖，旅美华人杰出青年企业家陈玮。

噩耗传来，海外华商为之震惊，家乡亲友为之哀婉。

美国南加州湖南同乡会前会长李佩明惊闻儿子陈玮遇难的消息，不敢相信自己的耳朵，心中悲痛万分。她含泪诉说，陈玮是她的长子，也是三个女儿的父亲。陈玮此行是在佛罗里达参加完为期四天的会议后，飞往亚特兰大，再从亚特兰大飞往孟菲斯，同妻儿前往洛杉矶与父母团聚，欢度圣诞。可万万没有想到从此与家人阴阳两隔。

陈玮在父母心中，是一个十分优秀的儿子；在美国商界，是一位非凡的青年企业家；在华侨华人中，是一位杰出的爱国侨领；在孟菲斯市长眼中，又是一位受人尊敬的顾问；在世界飞行领域，他创造了多项海内外奇迹……

这次圣诞节前的美国空难，谁都无法预料，居然无情地夺去了这位中国优秀青年企业家年仅 47 岁的生命，真可谓“天妒英才”。

飞行：儿时的梦想

1971 年，陈玮出生于湖南长沙。早年就读于长沙明德中学，后考入中南大学铁道学院。

1995 年赴美国孟菲斯大学求学，1998 年 8 月，取得孟菲斯大学国际工商管理 MBA 硕士学位。毕业后他留美创业，创办了美国商翔实业有限公司，并担任公司董事长、执行总裁。

陈玮爱好广泛，包括飞行驾驶、高尔夫等。

2006 年，他开始学习飞行驾驶，2007 年获得飞行驾驶执照，并获得仪器驾驶及双引擎飞行的资格，随后投入数百万美元购置了塞斯纳四人座和派珀六人座私人公务飞机，用于访问客户和到自己分公司工作。

2009 年，陈玮从环球飞行网上发现从 1924 年以来国际上有 166 人尝试过环球飞行，但名单中没有一个中国人的名字。

于是，他萌生了一个梦想：不管遇到任何艰难险阻，都要用自己的行动去实现中国人自己的环球飞行。

李佩明介绍说，儿子陈玮和很多年轻人一样，在国内念高中的时候，就想报名应征当一名飞行员。由于选拔条件非常严格，他未能如愿以偿。等到去美国留学后，他才体验到了自己驾驶轻型飞机翱翔蓝天的飞行快感。

中国环球飞行第一人

2011年5月22日，陈玮经过前期的周密策划、详细制定航行路线，勇敢地驾驶自己的单引擎公务飞机N168CW，从美国孟菲斯出发开始了环球飞行的征程。

据专家介绍，单引擎飞机的续航能力不强，跨越大洋唯有沿着偏僻的海岸线才能实现，因此环球飞行是一种“勇敢者的运动”。

仅有500小时飞行经验的陈玮义无反顾地驾机一路向东飞行，途经冰岛、法国、格陵兰、英格兰、沙特阿拉伯、印度、俄罗斯、中国等21个国家和地区，经停40个城市，最后顺利回到孟菲斯，行程4万公里，成为“中国环球飞行第一人”，也是第一次飞越中国领空的国际环球飞行员。

后来，陈玮撰写了自传《云上八万里：中国公民首次环球飞行》，书中记载了在69天飞行途中，他接连遭遇了冰岛火山剧烈爆发、飞机空中突发故障、“连锁错误”、越南雷暴云袭击、迫降军队控制的中东机场、北京浓雾干扰等多重考验，穿越千难万险，终于完成具有挑战性地飞行，实现了自己的环球飞行梦想。

他坦言，在途经的所有国家中，只有降落在北京首都国际机场那一刻，他的内心最为激动。

面对许多外国友人质问中国通用航空什么时候能开放？陈玮以自己此次环球飞行给了一个有力的证明：“没有中国通航的发展，世界航空是不完整的。”

他让外国人惊讶地看到了中国低空空域开放的希望，同时也推动了中国通用航空业的发展。

这次为期10周的空中飞行中，陈玮还为美国圣强德儿童研究医院募集善款25万美元，用于儿童疾病的研究和医治工作。

这次环球飞行，陈玮实现了自己人生的三个愿望——凝聚海外华人的爱国热情、为儿童公益慈善募捐、宣传中国的通用航空事业。

以他的行动激励着许多中华儿女投身航空事业，为中国通用航空事业做出了积极贡献。

中国航空器拥有者及驾驶员协会 AOPA China 向外界表示，陈玮荣耀地成为第一位完成环球飞行的中国公民，并创造了两个新纪录，一是环球飞行首次穿越中国领空，二是首架单引擎私人飞机降落在北京首都国际机场。AOPA China 还称誉陈玮“创造了世界通用航空新历史，开创了中国通用航空新纪元”。

独辟蹊径的创富之路

一个贫苦的中国男孩，如何远渡重洋求学美国，再白手起家，创造财富，成为世界强国的华侨青年才俊?

1998 年 8 月，陈玮独立创办了美国商翔实业有限公司，踏上了异国创业征程。

该公司总部坐落在美国田纳西州孟菲斯市，中国总部设在广东省深圳市，致力于搭建中国重工制造业进入发达国家的桥梁。

商翔旗下拥有 9 家全资或合资子公司，运营机构遍布美国孟菲斯、纽约、洛杉矶、休斯敦、亚特兰大以及中国深圳、上海、江苏无锡和湖南郴州，全球的员工总人数超过 400 人。通过在中美制造业之间搭起贸易桥梁，为客户和供应商及员工创造价值，建立链接。

不到 10 年时间，商翔实业从一个个人的小公司成长为拥有 400 多名员工的跨国企业，创造了中国人的创业传奇。

商翔实业旗下子公司 StepupScaffold 总裁 Mike McAnnally 回忆说，长期以来，陈玮董事长不仅对公司日常管理亲力亲为，而且集中制定了让公司迅速发展的战略计划。

至今总部仍设在孟菲斯的商翔实业在美国拥有四个物流仓储中心，并在中国建有两个生产基地。

2005 年，商翔实业被美国田纳西商业杂志评选为田纳西州发展最迅速的 50 强企业；2006 年，公司创始人、首席执行官陈玮被美国田纳西商业杂志评选为年度最佳经理人。2007 年，商翔实业又被 INC 杂志评选为全美发展最快的企业之一；陈玮荣获孟菲斯商业周刊颁发的年度经理人总裁奖。2008年，他荣获孟菲斯大学商学院颁发的年度实业家奖及孟菲斯40名40岁以下杰出青年奖。

他不仅是一位成功的企业家和金融家，还是一个活跃在美国的社会活动家，担任过全球顶级青年CEO组织中国区主席。同时，他还是孟菲斯经济学家俱乐部会员、大都市银行股东及董事，以及孟菲斯大学商学院顾问、孟菲斯大学国际MBA俱乐部和大孟菲斯华人联合会董事成员、孟菲斯市长顾问。

串联珍珠的人

“每一位海外华人都犹如一颗珍珠，在异国他乡沉淀，发光发热”。陈玮曾经说过，“我的飞行就像一条线，将这些珍珠串联起来”。

他认为，美国是一个多元文化的国家，同时也是一个征服文化盛行的地方，因为美国的建国之本除了自由宪法之外就是胜者为王。华人在海外不能总想着去“融入”，而要有民族的尊严，要有自己的事业，甚至要比他们美国人还优秀，你就能用事业和人格征服他们，他们因此就会信服你，对你另眼相待，你就会成为主流社会的一员。

陈玮作为在美华商界知名实业家，拥有5架私人飞机，用自己20年的创业实践，在世界强国书写了中国企业家风范。私人飞机不仅是他最热爱的玩伴，也是驰骋商场的利器和试金石，因为飞机，他拥有了海外甚少中国人拥有的“美国主流社会”圈层。

青年骄子未了心愿

“妈妈，那天我在天空遇到了一颗星，它要带我飞行，突然一股巨大的旋风，在那无垠的地方舞动，我和它随风去了另一个遥远的星空……”

仿佛听到来自遥远天国的商界骄子陈玮对母亲的诉说。他虽然已经离我们远去，但他生前那一幕幕感人的画面历历在目，恍如昨日。

他是一位极富爱心、孝心和社会责任的华人企业家。那年中秋节晚上，陈玮驾驶自己的飞机带着父母去飞行，去天空欣赏中秋明月。傍晚6点多，他们飞到海岸线的时候，看到太阳在海面上慢慢西沉下去，一轮皎月清新地升出海面，那个瞬间令人心旷神怡，无比幸福，感觉月儿特别圆特别明亮。这是他陪父母度过的一个人生最难忘的中秋明月夜。

两年前，在一场为美国贫困学生慈善筹款晚会上，陈玮不仅开放自己的机库作为活动场地，还在筹款会上捐出数个高额旅游飞行来筹集善款。今年为感谢郑州航展对“环球飞行员年会”的支持，弘扬航空精神，推广航空文化，他以个人名义对郑州航展的“幼龙计划”捐款10000美元，用于优秀幼龙学员前往美国游学，希望激励更多国内学子热爱飞行，成为一只只翱翔天空的雄鹰。

陈玮对母校孟菲斯大学感情尤深，他经常跟一些朋友提及，是母校的奖学金“雪中送炭”助他顺利完成学业，并有机会在美国创业走向成功。他一次捐款25万美元设立奖学金，为出身寒门的中国留学生提供帮助。他希望通过慈善活动感恩回馈这个社会，帮助中美贫困学生完成学业，实现人生梦想。

“捐助慈善和回报社会，从十几年前就已经是陈玮先生的习惯。”思凯航空副总裁青木Elena曾在早前对《世界日报》记者表示：“陈玮先生是一个很有情怀的企业家和飞行爱好者，决定自费完成环球飞行，就是为了填补当年的环球飞行员里没有中国人的空白。我们的机库里至今还挂着两面一样大的中美国旗。”

即使在生命的最后时刻，陈玮也没有忘记一个中国人的大爱与责任。这次飞机坠毁前，有目击者看到飞机驾驶员有意识地操控飞机避开人口密集的商业区及居民区，才没有造成更大的人员伤亡和财产损失。

据了解，陈玮虽然在美国生活创业20多年，却始终保留着自己的中国国籍，从来不认为成为美国公民就有多神气，他不想失去自己作为一个中国公民的尊严和自豪。

经常与美国的主流或者非主流社会打交道，他发现了这样一个现象，中国人在美国有480万人，占美国人口的1.5%；而犹太人也只有680万人，占美国人口的2.1%，但是犹太人在美国的力量全世界都知道，而美国人也以拥有犹太人朋友充满荣誉感。他总是在想，什么时候可以让美国人自豪地拍着华人的肩膀说“我是中国人的朋友”。

“1995 年当我来到美国的时候，我们中国还不是很富裕，而今天中国经济飞速发展，祖国越来越强大，是我们中国人的骄傲。让我们团结起来，不懈努力，来为中国人赢得应有的尊重！”

他生前还在筹备中国人在美国开设的第一家私人银行。在陈玮身上处处流露出中华儿女的自信和底气，他时刻把自己的命运和民族的尊严与祖国的繁荣紧紧联系在一起。

2019 年 1 月 5 日，美国孟菲斯大学玫瑰剧院举行了陈玮先生追悼会，来自海内外的政商界友人、家乡的亲人，汇聚陈玮母校，追思这位优秀学子。长沙失去了一位青年才俊，湖南失去了一位商界骄子，中国失去了“环球飞行第一人”。

湖湘大地瑞雪纷飞，苍天落泪，麓山肃穆，湘江悲恸。

陈玮虽然离我们远去，但他的拳拳爱国之心、铮铮民族之魂、无私奉献精神将永远留在世人心中。

作者简介 谢作钦，中国商报研究院副院长兼中国商报驻湖南记者站站长。

与陈玮一起经历尖峰时刻

厄尔·布兰肯希（Earl Blankenship）
译者：梁穗英

对于陈玮，一切皆有可能。他瞄准一个目标，奔向一个梦想，并付诸行动。重要的是他也竭尽全力去帮助他人实现梦想。

在凌晨 2：30 电话铃响起前，我已经兴奋地醒来了，我迫不及待地要下楼看看每个人。我们在中国西安的小酒店度过了最后两个晚上的时光，重要的一天终于来了。在楼下我见到了所有人，每个人都感受到了当天的活力。我一踏出电梯，就看到亲爱的朋友陈玮，我们拥抱了。我们都知道这一天的意义：陈玮已经到了他环球飞行的关键时刻。

我们有 50 分钟的时间可以在北京首都国际机场降落，我们没有错过任何时间，马上跳上了两辆车，开车一小时到机场，因为陈玮希望在机场停机坪上第一个起飞。那是 2011 年 7 月 12 日星期天早上。

我于 7 月 4 日在香港加入了陈玮飞行中国的航程。当看到朝阳在晴朗的天空中升起，我们意识到我们很有可能会实现这个梦想。我们的时间很紧，我们只有很短一段时间着陆，如果不能成功着陆，我们将被转移到北京城外大约两个小时路程的另一个不那么拥挤的机场。这将会错过陈玮这次飞行的一个有趣部分——错过在北京机场等待看到他完成这一重要目标的500多人。起飞很顺利，随着我们离北京越来越近，我们可以感受到对这可能到来的历史性时刻的激奋。

但是，另一个障碍突然出现了。这是一个大麻烦：我们遇到了雾，晴朗的天空让位了。我们接近北京的时候，低云覆盖，我们无法确定这雾有多厚，也看不到地面上的任何东西。我们飞行的能见度几乎为零，北京控制塔让我们放慢速度，同时等待云雾散去。正像闯过了格陵兰岛的火山喷发、印度晚上的夏季季风，以及越南附近的强烈气流一样，云雾不会阻挡陈玮实现这一重要目标，肯定不会。

我们在下降，云雾并没有散去，陈玮转身告诉我们所有人，我们不能等了。我们离跑道大约1000英尺（大约300米），可能90秒的距离，我们仍然看不到跑道。大约这个时候，我们只有10秒钟的时间来找到跑道。

我很惊讶地看着陈玮镇定地转向副驾驶，并说“从10开始倒计时”。通过打开机场控制塔的无线电，他在寻找跑道。10、9、8，我心里想，眼前这一刻是多么重要啊，伟大的时刻就在这一瞬间，陈玮的梦想如果现在不能实现，那就永远不会实现了。

但这可能发生吗？我们怎么处理像这样的挫折？如果不能降落，我们该怎么办？陈玮将如何从这里继续下去？我和他一样迫切地想要实现这个目标。

在那片刻，陈玮保持冷静，专注并寻找跑道。7、6、5，倒计时达到5，我们仍然没有能见度，看不到跑道。4、3，然后我听到了神奇的几个字，“我看到了！我看到了！”陈玮在驾驶舱里大喊。他在距离决定高度时间仅剩3秒钟时看到了跑道！北京控制塔立即让我们降落，仅仅60秒后，我们在北京首都国际机场的跑道上滑行。

这是有史以来第一架在这个机场降落的私人飞机，而陈玮是在这个机场降落非商用飞机的第一个中国公民。他完成了他最重要的目标。当我们在跑道上滑行时，我们注意到那天在北京机场有另一架美国飞机。

像命运的安排，或者我们应该说，是上帝之手的安排，我们被指示停在这架飞机旁边。陈玮在这架异常美丽的波音747旁边滑行，飞机的颜色是大家熟悉的知更鸟蛋的蓝色和白色，它载着莱昂帕内塔（Leon Panetta）先生，他正以美国国防部长的身份首次访问中国。如果您愿意，视觉想象一下。747的车轮几乎和陈玮的飞机一样高。

当那扇门打开的那一刻，我思绪万千，我知道这一刻对我们所有人，特别是对陈玮来说有多重要，当时我再次体会到梦想的真正力量。陈玮设定了一个非常庞大而大胆的目标，现在他把梦想变成了现实。我永远不会忘记那天我们所有共同的感觉，以及我为朋友所感受到的骄傲和快乐。他再一次告诉我们所有人，我们必须有大梦想，并有勇气实现我们的梦想。

我无论怎样夸大那天早上陈玮飞越中国的重要性都不过分。私人飞行在当时是大家想不到的事，2011年，你不能在中国的天空中驾驶私人飞机。那个夏天陈玮所做的不仅仅是完成他的个人梦想，他还向13亿中国人民展示了他们自己未来的一页，这是所有中国人的梦想。现在我们是在七年后的2019年1月，现在在中国有私人航空旅行。这就是为什么我们当时每次降落都会有250人或更多，加上30名记者在等着。陈玮也喜欢看到那场景。他那次飞行是为了中国每个人的未来，而不仅仅是为了他自己。

环绕地球飞行69天，飞行时间为110小时。陈玮2011年5月22日离开孟菲斯，于7月29日凯旋，在他的第二故乡孟菲斯受到热烈的欢迎。那天他被授予了一个非常重要的木匾，纪念他作为第一个中国环球飞人的成就。至今只有大约100多人驾驶一架小飞机环绕世界各地飞过，这是一项非常重要的成就。

为什么这件事这么重要呢？为什么我要向你重述这个故事？

因为对于陈玮一切皆有可能。他会瞄准一个目标，设定一个梦想，最终实现它。同时他也会尽力帮助你实现你的目标。这是我们反思陈玮的飞翔之爱，他对冒险的热爱，他对人的大爱的原因。

我希望你们通过这里意识到一切皆有可能，不要放弃你的梦想，通过努力你真的可以实现梦想。这是陈玮一生教给我们的宝贵课程。我会恳求你，陈玮的朋友，伊莎贝尔、伊丽莎白、斯蒂芬妮、赛布丽娜和其他家人。永远，永远不要放弃你的梦想。

作者简介 厄尔·布兰肯希（Earl Blankenship），一位成功的美国企业家和商人。在美国商业房地产领域的 40 年生涯中，布兰肯希先生创立了国内知名的房地产公司和投资机构。自 2009 年与陈玮成为朋友后，2010 年开始成为陈玮的商业合伙人。

译者简介 梁穗英，20 世纪 90 年代年代前在中国广东省广州市生活工作。来美后一直在大孟菲斯地区居住。现在在联邦快递从事软件产品开发工作。业余时间爱好各种运动并乐于参加当地的社区活动，并在这过程中享受到了很多的快乐。

一个中国人如何实现梦想的绝佳范本

刘银艳

这些梦想看起来遥不可及，或不可思议，陈玮却凭借自己的坚持一个个实现了，而他实现梦想的公式就是“自律、专注加选择”。

在长沙上空

2011年7月7日。

陈玮，一个长沙伢子，作为全球第一个飞越中国领空的国际环球飞行人，跨过湘江，飞临长沙上空，用长沙话向地面空管发出降落请求时，双方都激动万分。

湖南人敢为人先的特质，再一次用这种特殊的方式，在全世界面前予以展现——

行程4万公里，历时69天，驾驶单引擎飞机完成环球飞行，改写了全世界个人环球飞行记录中没有中国人的历史。

2012年10月，我第一次采访陈玮。

他从西安谈组建特技飞行表演队回长沙。

2013年11月20日，是我第二次采访陈玮。

那一次，他作为“中国环球飞行第一人”回长沙演讲“追梦”，讲述自己的创业梦、飞行梦、人生梦。

陈玮的故事，就是实现一个又一个梦想的故事。

“一个人要有梦地去生活，这样的人生才有意义。”

演讲中，陈玮自述有三个梦想：不懂英语，梦想去美国攻读 MBA 学位；身无分文，没有社会关系和创业经验，梦想在美国开一家属于自己的公司；飞行经验只有 500 个小时，却梦想成为第一个驾驶单引擎飞机完成环球飞行的中国人。

这些梦想看起来遥不可及，或不可思议，陈玮却凭借自己的坚持一个个实现了，而他实现梦想的公式就是“自律、专注加选择”。

陈玮也用这样的成功诠释了一个道理，最大限度地发挥你的潜能去过一个精彩的人生，才是永远的成功。

那一次，陈玮在中南大学、湖南大学、明德中学、国防科大、长沙市一中、长沙理工大学、湖南师大附中等学校为上万名师生巡回演讲 10 余场。

在湖南师大的第二场演讲同样引起轰动。“陈玮的演讲给大学生们带来一个新的视界，他的勇气也很容易感染学生，他是一个中国人如何实现梦想的很好的范本。”湖南师大团委副书记罗繁荣告诉记者。

飞龙在天的梦想

后来，我听说陈玮与 3 名专业私人飞行员组建了中国首支民间特技飞行表演队，并起名“天龙”，意为中国飞龙在天。

他说，在中国的 3 万多名飞行员中，只有 1000 名不为航空公司工作的专业私人飞行员，中国要加快通用航空的发展，就必须培养更多更专业的私人飞行员。那时“天龙”正有条不紊地加紧训练，希望两年后能实现特技飞行表演梦想。

离世之前，陈玮是中国侨联华侨国际文化促进会的常务理事、美国孟菲斯市长顾问、美国商翔实业公司董事长、美国阳光资本董事长，旅居美国，《云上八万里：中国公民首次环球飞行》英文版也同步在美国发行。“让更多的美国人了解中国 40 年的变化与发展，用中国的产品占领美国的市场，都是我最开心去做的事情。”当时陈玮风趣地说。

孟菲斯的长沙口味

有一年春节前夕，我收到一张照片——小美女们在认真排练“茉莉花四重奏”，迎接 2014 年孟菲斯华人春晚。

照片是佩姐发来的，李佩明总是那么热情爽朗，尽管已年过六十，熟悉她的年轻人都叫她“佩姐”，连她的儿子陈玮也在开玩笑时这样叫她。

佩姐退休前是长沙一家汽车配件厂的副厂长，现已在美国孟菲斯市定居 10 余年。佩姐最近有点忙，她和老公在排练一个联唱表演节目，要上美国大孟菲斯华人联合会（简称大孟联）举办的华人春晚。“我们这个春晚办了 10 来年了，现在节目多得要导演审批，我们的节目被选上了，得加紧练，不能筐瓢。”微信里，佩姐用了句经典的长沙话。

位于美国田纳西州的孟菲斯也许不是一个很有名的城市，但说起孟菲斯的华人春晚，在全美华人圈里就小有名气了。一是办得早，2002 年就开始了；二是规模大，每年大年三十安排两场，每场都有近 2000 人参加，歌舞、乐器、武术表演加小品相声，非常喜庆热闹。

“第一年的华人春晚就是两个半湖南人在我家里商定的，当时我儿子刚好买了靠湖边的大房子。”佩姐向我介绍。

“两个半湖南人”中陈玮算一个，来自衡阳的莫加大算一个，还有就是杨守礼。杨守礼不是湖南人，但他的太太是长沙人，所以算半个。

佩姐告诉记者，为了召集首届孟菲斯华人春晚，“两个半湖南人”在她家里讨论了近两个小时。大伙儿觉得，当时孟菲斯虽然有很多华人，到了春节却没有活动，也没有春节气氛，很有必要在异国他乡办一台像春晚一样的节目，把华人们凝聚起来。

“那一年的春晚是陈玮赞助的，他先开了张 3000 美元的支票给晚会，然后说如果不够再由他补足。”

“陈玮从第一年开始赞助，十几年了，年年赞助。他的公司的副总裁陈江，是现在的大孟联会长，不仅出钱，还要出力。春晚后还有晚餐招待，有饺子，有中餐馆赞助的中式点心和饭菜，让大家在过年时有一种家的感觉。”佩姐说。

“在孟菲斯，华人人数有六七千，其中湖南人有三四百人，我们湖南同乡会出的节目，就会更多地考虑到湖南元素。有一年春晚，我们邀请到了著名歌唱家成方圆和陈思思来表演，我们家陈玮还和湘妹子陈思思一起上台对唱了一曲《刘海砍樵》，你说这算不算地道的湖南口味啊？”

说及此，佩姐开心地笑了。

作者简介 刘银艳，湖南日报经济新闻中心副主任，主任编辑，湖南省作家协会会员，著有散文集《站在布达拉宫背后》，多次获湖南省新闻奖一、二等奖。

一道光的启示

白 捷

你不去完成梦想，是因为你惧怕失败。

——陈玮

陈玮热爱一切，敢于梦想，敢于出发。

玮哥在世时带给我的就是这种示范。

虽然物质上他已经离去，但他不朽的灵魂一直陪伴着每个好友、家人，甚至包括只是听闻他的人。陈玮留下的是无穷的精神财富。这种宏大，一时无法言表，以至我在他离世以后从未正式撰文缅怀，一直在品，还在品……

从儿时梦想出发的人

时光如白驹过隙，回忆却清晰到几乎可以触碰。

思绪回到缘起之时，朋友，生命中最美丽的相遇。

2011 年 6 月 3 日周五，接到老友胡先生的电话。他告诉我他所在的西班牙温州同乡总会将要接待一位了不起的人物，他是第一位以中国公民身份驾驶单引擎飞机进行环球飞行的人，而且是我的长沙老乡。胡先生希望我以长沙老乡的身份，与其他马德里当地华人领袖们一起前往晚上的欢迎晚宴为他接风洗尘。

到了晚上，一个高大英俊又不失亲和的人走进餐厅大堂。就这样，玮哥走进了我的生命。

那时候我对飞行没有什么概念，我感兴趣的是什么样的精神力量促使他做这件事，和什么样的资源储备允许他能做成这件事。他毫无保留地告诉我这是他儿时的梦想，也愿意通过环球飞行串联起散落在世界各地的珍珠，他指的是那些因着美丽的缘分沿途结识的有趣的人。

后来，陈玮大哥邀请我随行环球飞行，我们一起经历了 4 站近 10 天的旅程。这使我荣幸地成为中国历史上第一次单引擎飞机环球飞行的见证人之一。

这对于当时刚刚三十岁出头的我，是一次灵魂层面上的巨大冲击，一时惊为天人。

一年后，我受玮哥之邀在长沙师范大学听他主题为“如果你知道你不会失败，你将会做什么”的演讲，让我更深入地理解——在他的世界里没有失败，只是永远快乐地飞翔在梦想的无穷维度里。

亦兄亦友的七年

那以后的七年时间里，我们之间经常走动。

我去过美国他家里，他也来过西班牙我家里。

我就是一个迷弟，像海绵一样吸收玮哥教给我的事业发展之道，也接受他给我关于人生、关于家庭的指导。

玮哥把他的父母和太太、小孩介绍给我认识。

有一年夏天，我们共赴地中海邮轮，陈玮的爸爸也指导过我如何处理与合作伙伴的关系以及配合模式。那次谈话对我帮助很大，不由感叹老姜真辣。

陈玮的妈妈佩姨，是个无论遇到什么事情都把困难留给自己，永远积极笑对一切的榜样。

玮哥介绍我学习系统的企业管理，聘请企业管理和市场开拓的 Coach。也帮助过我分析该如何缓和当时跟父母紧张的关系。

在我春风得意的时候总有他善意的当头一棒。在我遭遇挫折的时候也总有他温暖的关怀。他在见到我的每一个当下都能给予我最落地的建议。

陈玮是一个活在当下，积极未来时间线的创造者。在他于灵魂层面的指导下，我走出安全区，尝试过去不敢尝试的拓展，一步步地突破自我设限。在这段时间里，我对我所处的世界的认知和对自己的了解也在迅速提升。这段时间里我的生意突飞猛进过，也曾塞翁失马过，但是我从来没有失去一颗探索未知和勇敢快乐的心。

我被陈玮批评了

在跟随玮哥环球飞行的那一段经历里。我印象最深的有几件事，几乎都是挨批评。

一次是关于同理心。

行程中，有一次是我为他的副驾驶——前法国空军将军安排的酒店过于朴素。陈玮给我指出，这可能会影响飞行员的休息质量，或者影响情绪进而影响飞行。而我当时只是考虑到了节省费用，没有考虑到这些更远的影响。陈玮教我多站在他人的角度考虑问题。由此，照顾好了帮助你的人的情绪，事情必然会朝着最好的方向发展。

另一次是关于守时与担当。

当时由于一些安排接送的时间延迟，导致飞机起飞时间延误。玮哥告诉我，每条航线的申请是有时效的，必须在申请的时间内完成起飞，机场不会永远等着我们随时起飞。当时我把责任推给其他人的不守时，其实如果我盯紧一点这件事就不会发生。

玮哥告诉我，浪费别人的时间是最大的不尊重。就像生意中的机会，不会一直等着你。当机会来主动寻找你的时候就是最佳时间，错过了就可能永远失去它，或者至少要付出不必要的损失来挽回这个机会，但是不必要的伤害已经造成了。玮哥还说，延伸到生意中，一家企业里发生的任何问题都是老板的问题，也包括用人失误。

这次失误，陈玮虽然生气，但他检讨主要责任是他的，没有完全归咎于我，而是顺便教我如何勇敢承担。当时我觉得辜负了信任，眼泪几乎要掉下来。

这一番教导，对我以后管理自己的公司时也产生了深远的影响。后来我从玮哥推荐给我的一本书 *Mastering the Rockefeller Habits*（《掌握洛克菲勒的习惯》）中找到这个相关的章节：让正确的人正确地做正确的事。

玮哥告诉我，这本书和这个企业管理教育机构的作者 Verne Harnish 现在也是他的朋友，他在创业初期，多受此书的指点和机构里 Coach 的指导。而晚些时候，陈玮介绍我和书作者 Verne 在巴塞罗那认识，又是另一回事了。

从优秀到卓越

那一次，4 站 10 天的飞行以及沿途与当地人的互动很快结束。

临近道别时候，玮哥拍拍我的肩膀，笑着问我这一行感受了什么。

我说，这一行的经历让我看到了精彩的世界看似离我很近，其实我本想说：与其在别处仰望，不如在这里并肩。我并不害怕遇到像玮哥一样强大的人，可是我要怎么做到一样的事情呢？

玮哥又向我介绍另一本书，一本影响他至深的书，是后来和他成为朋友的 Jim Collins 所著的《从优秀到卓越》。他说，我们身边的绝大多数企业经营者是优秀的。但是安逸和傲慢让他们停下来不再学习，他们内心里其实恐惧着，并不想成为卓越的人。

“你现在就是这样，”玮哥凑近了，故作神秘地告诉我，“这本书里最重要的一句话是：优秀是卓越的大敌。后来我总结：这是因为安逸与傲慢，以及对未知的恐惧。”

这句话一直影响我到今时今日。

可以说，这是陈玮之所以是陈玮的核心秘诀。

写到这里，你就能明白为什么对我来说，从来没有感觉到陈玮离开过。他的思想一直在我心中闪闪发亮。我不知道陈玮将这些分享给过多少人。但我想，陈玮是每个认识他的人心中的一盏明灯，这是毫无疑问的。

What would you attempt to do if you knew you could not fail？如果你知道自己不会失败，你将要做什么？

再后来，玮哥的环球飞行经过老家长沙的时候。我和陈叔叔、佩姨还有嫂子徐韩晖一起在长沙机场迎接了他。在机场，陈玮被媒体和母校学生包围的时候。嫂子比较腼腆安静，不太喜欢聚光灯，静静躲在一边。玮哥看见她冲过去深情一吻，鲜花和美丽的妻子，幸福满满。

自此我也认识了他们正能量爆棚的一家人，非常欢喜。

在精神和物质上帮助自己和引导他人获得丰盛

之后，不出意料地陈玮完成了 69 天环球飞行。很快就出了中英文两版自传《云上八万里：中国公民首次环球飞行》和 *Around The World in 69 Days：What Would You Attempt To Do If You Knew You Could Not Fail*？(《69 天环球飞行：如果你知道你不会失败，你将要做什么？》)。

次年，我受邀去参加陈玮在湖南师范学院以此为主题的演讲。

演讲中，陈玮以电影《当幸福来敲门》为例讲述，你不去完成梦想，是因为你惧怕失败。

他引用电影中台词说道：You got a dream，you gotta protect it. People can't do something themselves，they wanna tell you you can't do it.If you want something，go get it. 如果你有梦想的话，就要去捍卫它。那些一事无成的人想告诉你你也成不了大器。如果你有理想的话，就要去努力实现。

听到这里，我想，那么我的梦想是什么呢？

我在心中探索。在心中一片漆黑时我仿佛看到一束光，光的尽头是欢乐的人群相互嬉闹，他们彼此尊重，他们彼此欣赏，智慧与爱心满满。

我知道了！

在精神和物质上帮助自己和引导他人获得丰盛——陈玮是这么想的，原来，我也是这样想的。

给玮哥的微信留言

玮哥的微信名是“快乐飞翔－陈玮”，尽管现在他已经离去了一段时间，我还常常给他的微信留言，汇报我的工作，告诉他我一直有在布施、律己、隐忍、精进、平静和尽量智慧地做着我们共同梦想的事业。

尽管陈玮的肉身已然寂灭，他一直在鼓舞活着的人们，体验人生的密度，提升认知的维度，成为勇敢的探索者，积极的时间线创造者。

所以，他真的走了吗？

虽然他不再打字回复我，但是我就是知道，他在另一个时空维度对着微笑点头。

写到这里，我的眼睛又湿润了。

想起当年他突然离去，我给佩姨的微信留言——

人生不在岁长短，但求潇洒走一遭。心存众生耀长空，豪情万丈凌云霄。魂归云上八万里，快乐飞翔攀更高。

那一段时间虽然知道生死难料，世事无常。我却仍然不愿意相信这是真的。脑海里闪回和陈玮大哥一起时的一幕幕，久久不能平静。

耳中回荡玮哥最爱听的歌《飞得更高》。于是就一边轻轻唱了起来，情到深处，再也不能强忍泪水，声嘶力竭，号啕大哭不已。每每想起就会以泪洗面，我这样哭了一个星期。一辈子也不曾这样为谁，或者为了什么事哭过。

……

感谢玮哥带来的光明支持我写完这些文字，并将这光明转交给正在阅读的你。

看到这段故事的人，你是否有所共鸣呢？

如果你知道你不会失败，你想做什么呢？

作者简介 白捷，湖南长沙人，西班牙华商，从事国际物流行业以及碳产品。2000 年自费留学西班牙，侨居至今。喜爱徒步、钓鱼、真人 CS 射击游戏、飞行、旅行、学佛、参禅，以及研究 UFO 现象。

有梦想的实干家

斯科特·莫德尔（Scott Mordell）
译者：周其弘

早上好！感谢让我们 YPO（Young Presidents' Organization，青年总裁组织）的成员有这个机会来到这里，同时我深感荣幸能有机会代表不仅在座的，而且包括世界各地的不能与会的 YPO 会员在这儿说几句话。我想在这儿和大家分享陈玮作为 YPO 成员花费了很多时间参与的 YPO 活动，以及他对 YPO 产生的巨大影响。

YPO 是一个世界性组织，由 130 余个国家的 2.7 万余位总裁和他们的家庭组成。YPO 的会员必须是应邀参加的，能被邀请是一种尊享的荣誉，这些总裁必须是事业非常成功的人。一旦加入，就和全世界的会员们建立了各种联系。他们影响彼此的事业和环境，使他们的事业蒸蒸日上。YPO 的价值是基于会员个人之间的互动。这是每个人可以得到的最有价值的互相学习提高的机会。每个人都基于自己的经验，同时他的经验也影响着其他人。

我想告诉大家，陈玮是这个世界性组织中的领导。让我们一起庆祝他的充实的一生和全力参与 YPO 的一生。在加入 YPO 这短短的 10 年中，他参与了 90 多次 YPO 的活动，积极参加每个月当地会员的活动，是领导们中的领导。他杰出地独立主持和参与主持了这 90 次世界性活动中的 23 次。

他参与了 YPO 的网络活动，把有共同兴趣的会员组织到一起。他还在其中三个网络组织中起到了领导作用：对华贸易、航空、房地产业。他在 YPO 展露领导才华的高光时刻——他的对华贸易网被认为是最好的贸易网络和创新的贸易方式，获得了 YPO 最优秀网络奖。诚然，中国对他很重要，因为他本身就是其中之一，而且对他的公司有着重要性。他对为中国和美国的贸易建立一座桥充满了热情。这 90 次活动中很多和中国有关，他建起了这座桥梁，让他周围的人意识到了对华贸易的重要性。

YPO 还在成长和完善，我们的成员也在成长和完善并成为更好的总裁，因为我们都知道这个世界一直在变化着。

朋友们，未来的总裁就是今天的陈玮！

在过去的几周里，我有机会和很多人说起陈玮，他们告诉我陈玮怎样把他们组织在一起，为他们做了哪些事，他的精神如何影响了他们，教会了我和我们如何像他一样生活。

“我想谈谈作为一名总裁，他必须目标明确，必须有梦想，要明白今天的努力终究不会白费。如果你的梦没有吓到你，那么你的梦想就是还不够远大。”

陈玮是个有梦想的人，他把我们带到一起，认为我们在和中国的关系及贸易中可以做得更好。他是个有梦想的人，但也是一个务实的人，他不喜欢空话，而是把梦想落实到行动中去，他是个实干家。对人生和事业产生影响，这就是陈玮的作风。而且，一个好的领导需要处理好人际关系，相互协调、协作，他是这方面的大师。当和他交谈时，会给人一种我们是最好朋友的感觉，他会直视你，与你产生视觉交流从而建立良好的人际关系。他有兴趣花时间和人交流，他擅长找到别人的长处，学习交流，并对别人做出自己的贡献。结果，他在各个方面触动了很多人的心弦。永远正面，永远乐观，从不失败，不管发生什么，他总是充满阳光，这就是一个领导所必须做的。一个领导产生能量，而不是消耗能量，而陈玮正是为别人提供了这种能量。

在 YPO，我们没有权威，成员们不使用威权。一个好的领导只是去影响别人，分享他们的理想、经验，得到人们的认可。陈玮不是用威权，而是用他的魅力让别人无法对他说不，这就是他的特质。这就是陈玮的领导能力，让他成为领导者中的领导。

我们知道伟大的领导者都是世界公民，陈玮很显然就是一位世界公民。他不仅在美国，他也去世界上很多国家旅行，有的地方他不曾亲身去过，却也为那里做了很多事。为什么这个很重要，因为当你在旅行时，不管你是在孟菲斯、在田纳西，还是在美国其他地区，抑或在世界，我们各有不同，但是我们把这些不同的事情联系起来，去完成一些事业，这就是领导者们的任务，也就是为什么人们要成为世界公民，陈玮就是这样一个榜样、一个领导者中的领导。

最后，他是一个真实、真诚的人。我想说，陈玮是生活的动力，和他一起，我们感受到了生活的力量，感受到了人和人的关系、友谊，感受到了生活的意义，这就是做人的真实性。这就是生活的意义，我会按着他的足迹去生活，我为能把他称作为我的朋友而感到荣幸。

他可以被归类为真诚、阳光、尊敬、正面、乐观、勇敢和风趣，充满梦想的人，他选择了用这些品质对这个世界产生一些影响，他对我来说是一个伟大的领导者的榜样。我们可以遵从他的榜样，把他的精神发扬光大。我们可以有更大的梦想，我们可以成为并发现更多志同道合的朋友，我们可以有一颗善良的心，我们可以对自己更真实。

这是一种何等的精神，这是一份何等的遗产，这是一种何等的生活轨迹！

让我们缅怀陈玮的一生，有一位著名的罗马哲学家塞内卡，对短促的生命有一段阐述，他写道：“生命并非短促，而是我们荒废太多。”我们这位47岁的朋友，作为一个顾家的丈夫、父亲、朋友，他没有荒废一天！这47年，他没有荒废一天！或许我们足够幸运，或许我们不那么幸运，无论如何让他活在我们的心里，以他的榜样去生活。

朋友们，我想起每次陈玮离开的时候，他从来不说再见，分手就是重逢的开始，他总是微笑着伸出双臂，目光炯炯，微笑着给我们一个大大的拥抱！爱你！

（备注：本文是斯科特·莫德尔（Scott Mordell）在陈玮葬礼上的发言。）

作者简介 斯科特·莫德尔（Scott Mordell），青年总裁组织（YPO）前总裁。

译者简介 周其弘，1982 年毕业于中国上海第二医学院（现上海交通大学医学院）。在上海市儿童医院工作 8 年之后于 1991 年来美求学。先后在孟菲斯州立大学（现孟菲斯大学）和田纳西大学医学院求学，并于 1999 年在田纳西大学医学院获得博士学位，之后一直在孟菲斯工作。在孟菲斯生活和工作的近 30 年间热心服务华人社区，并于 2005 年到 2007 年担任孟菲斯华人社区《孟华时报》主编。

致永远快乐飞翔的你

王慧英

在 YPO 世界青年总裁组织中，陈玮是一个担当独特角色的人，他非常乐于将国外的管理和生活理念介绍给中国会员，同时又积极促进国外会员加深对中国的了解。

初识于 YPO

岁月如梭，时光易逝，一晃陈玮已经永远地离开这个世界两年，可是他的音容笑貌不时浮现，感觉他好像从未离开过我们，只是去了另一个星球，继续着他的快乐飞翔……

仲秋时节，陈玮的亲朋好友们都在用亲切和怀念的笔触追思他，这也不禁让我回忆起了和他的遇见和熟识。

安静的夜里，我写下了一些回忆的点滴，算是告慰这位对我产生了很大影响和帮助的人——是陈玮带给我诸多新奇的人生体验，并且改变了我的一些生活态度和方式。

初识陈玮，是我 2012 年刚加入 YPO 北京分会后前去参加 GLC 新加坡全球峰会的时候。那是 YPO 一年一度最大的盛会。在几千位满是外国面孔的会场里，见到为数不多的中国人还是分外亲切的。

我和陈玮一见如故，他是那种非常热心、充满阳光的人，会上他给我介绍了不少他在 YPO 的美国朋友。

如家庭成员一样的情谊

随着我们参加 YPO 活动增多，我和陈玮的交往频繁起来。

我们两家人，从老人到孩子们也都熟络起来。我去过陈玮父母在洛杉矶的家和他在孟菲斯的家。他和家人来北京也都会和我的家人们聚在一起。

我们的孩子年龄也相仿，两家人相约每年暑期要在一起过。我们曾在波士顿周边的小岛 Martha's wineyards、陈玮在奥兰多的度假房及洛杉矶一起度假。

陈玮很喜欢孩子们，他会带孩子们玩各种水上项目、过山车，俨然一个“娃娃头儿”。

我女儿视陈玮叔叔为偶像。记得在洛杉矶他的机库，陈玮带我女儿开着他的战斗机在云里翻滚，我女儿觉得可威风了。

陈玮曾经作为嘉宾在我女儿就读的北京史家小学做了演讲：“让梦想照亮人生”，激励孩子们从小追寻自己的梦想，并为之努力。

乐于分享的学习者

陈玮是个非常乐于分享，愿意帮助他人的人。

记得去美国出差，陈玮用他环球飞行的飞机先载我们去辛辛那提拜访客户，然后飞到孟菲斯参观了他的公司。

看到他的管理团队把公司业务打理得井井有条，而他本人一个月却只有几天时间在公司。我问他管理的秘诀。

陈玮给我推荐了 *Scaling Up* 这本书，他说，以前他凡事亲力亲为，管理公司占据了他很多时间和精力。自从他和他的团队学习并接受了该书作者 Verne Harnish 的训练营培训，公司管理上了一个新台阶，业绩逐年增加，而他空闲时间更多了。

现在他会花更多的时间和精力进行公司战略上的考虑和完成他的快乐飞翔。

为了让更多YPO会员企业受益，陈玮还多次把“Scaling Up”的培训引进中国。

在参加完培训后，我也会把这种管理方式用到自己公司上，这确实节省了我个人的许多时间，提升了公司沟通的效率，扩大了公司的规模。

陈玮对YPO投入了很多的时间和精力，在他任YPO中国商业网络主席时，曾邀请美国国会议员来到中国，参加了一年一度的CBS中国商业峰会，和当地政府交流沟通，加深了YPO国外会员对中国的了解。

2014年他主办的CBS上海商业峰会获得了YPO年度大奖。

他任期结束后由我继任，在他的支持下，我继续发挥中国商业网络在YPO的影响力，为YPO国外会员了解中国并与中国建立生意往来起到了桥梁作用。

陈玮一直求索新鲜事物，热爱学习。

YPO有个HBS哈佛学习项目，每年学习一周，学习9年会获得哈佛毕业证书。这个学习项目由200名YPO会员聚在一起白天听哈佛教授分析各种案例，中午和晚上分成小组讨论案例，同时会员间通过分享个人、家庭、事业来提升自己。

陈玮和我都参加了这个项目，我连续学习了6年。2019年的学习是陈玮第7年的学习，陈玮生前已经早早报了名，却不幸由于飞机失事未能参加。作为杰出学员，哈佛教授和全体YPO学员为陈玮举办了追思会，并提前将他的哈佛毕业证书颁发给他。

自带阳光的人

记得2015年五一前，受陈玮邀请，我和一些朋友去参加一年一度的孟菲斯音乐节，他是那届音乐节的主席。

大家一起搭乘着陈玮和音乐节主办方CEO驾驶着的专车环场参观，还跑到后台观看了格莱美奖获得者Ed Sheeran的表演，感受了全场沸腾的热烈气氛。

在孟菲斯黑人市长为我们一行人举办的“陈玮朋友们的欢迎酒会上”，市长赞誉陈玮是首位华人孟菲斯音乐会主席，同时他又热衷慈善，给当地做出了很大贡献。

我们都从心底里为陈玮感到自豪。

据说这届音乐节是孟菲斯历史上办得最好的一次。

陈玮一生热衷于参加各种公益活动。除了大家知道的资助大学生；通过环球飞行为儿童公益慈善募捐；为了宣传中国通用航空事业，拿出奖金奖励中国第一位环球飞行的女飞行员等。

2017 年我们一行朋友驾驶 5 架飞机前往非洲三个国家进行了 16 天的旅行，在南非、津巴布韦和博兹瓦纳，陈玮带领大家走访了贫民窟、农村小学，并现场帮助那些需要救济的人。

陈玮喜欢旅游和运动。他的愿望是开着飞机去七大洲，脚步踏遍世界上每个国家。他常常挂在嘴边的这句话“如果你注定不会失败，你会做什么”到现在还是经常触动着我。在他的激励下我从没有运动习惯到 2014 年完成 120 多公里戈壁挑战赛，如今完赛 20 多个马拉松，去年拿到了马拉松的大满贯，挑战了自我。

我的记忆中还有太多和陈玮的交集。他自带阳光，每到一处，都是笑声朗朗；他为人谦逊，厚道随和，朋友遍天下；他做事很有计划性，胆大心细，不轻言放弃；他非常自律，终身学习，追求卓越；他酷爱飞行，喜欢在蓝天快乐飞翔……

陈玮的生命虽然短暂，但是绚烂多彩，他温暖、影响和帮助了一大批人。尽管他离开了我们，但大家将永远怀念他。

作者简介 王慧英，北京陇悦矿业有限公司董事长。本科毕业于上海理工大学科技英语专业；硕士毕业于北京大学国发院 EMBA；现任北京大学国发院西北校友会会长。YPO 北京分会会员，海之龙分会会员，YPO 前中国商业网络主席。爱好：跑步，已经完成二十多个马拉松赛事；2014 年完成了第九届玄奘之路商学院四天三夜 120km 营地戈壁挑战赛；2019 年获得马拉松大满贯奖牌。

▶ 李湘宏和陈玮飞行在西雅图上空

▶ 飞行在西雅图上空鸟瞰图

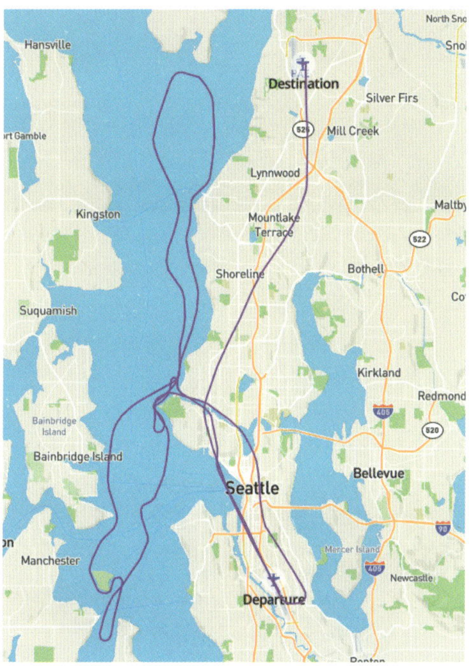

▶ 陈玮自制的飞行轨迹图

▶ 参加 2016 年的 EAA 飞来者大会

▶ 李湘宏自制的 RV7 飞机落地波音机场和陈玮会合

▶ 李湘宏自制的 RV7 伴随陈玮飞行在群山之间

➤ 李湘宏和陈玮在 2011 年 EAA 飞来者大会上

➤ 陈玮在带领国际环球飞行组织的代表们参观少林寺

➤ 陈玮在带领国际环球飞行组织的代表们参观少林寺，并且替信佛的妈妈烧了几炷香

➤ 与谢尔比县县长 Joe Ford 先生进行了会晤。陈玮还与他的飞行伙伴一起为代表团组织了一场专场飞行表演

商翔圣诞晚会庆祝公司业务 50% 增长

陈玮在起飞去瑞尼尔雪山前和西雅图华人飞行员合影

2009 年 10 月，陈玮应邀随国际通用航空访问团到访陕西渭南市考察蒲城通用机场

2017 年，首届中美通用航空商务交流会参会者应邀参观陈玮在洛杉矶 Brackett 机场的飞行基地

2018 年 5 月，在洛杉矶与陈玮讨论“中国青少年航空国际体验营”建设事宜，在他的公务机前拍摄了这张照片。没曾想这竟是高远洋与陈玮的最后一次会面，这张照片也成为了高远洋与陈玮最后的合照

参加编队的飞行员们在陈玮的飞机前合影留念

2018 年 7 月，陈玮应邀到高远洋主持的“EAA- 中国通用航空发展论坛”做演讲嘉宾（1）

2018 年 7 月，陈玮应邀到高远洋主持的“EAA- 中国通用航空发展论坛”做演讲嘉宾（2）

2018 郑州航展颁奖

陈玮驾驶他的环球飞机在做低空飞行

陈玮起飞前对飞机进行航前检查

陈玮同国际环球飞行组织创始人克洛德·穆尼尔，到达会议驻地，不停歇地开始大会的准备工作

陈玮在洛杉矶 Brackett 机场带北京航空航天大学通用航空 EMBA 学员体验特技飞行

陈玮在郑州航展给两位小学生赠送他的英文版书籍，并且表示特别开心看到她们对航空的喜爱

和陈玮飞行在西雅图的普吉湾超低空飞行

高远洋的儿子还不到 10 岁就已成为了陈玮的小粉丝，因陈玮而爱上了航空

在陈玮的安排下，高远洋率领的代表团与孟菲斯市议会成员会晤

陈玮与参加世界环球飞行组织年会的飞行员合影留念

陈玮参加 2018 郑州航展

飞翔中的陈玮（1）

飞翔中的陈玮（2）

中国北京 AOPA 大会（1）

中国北京 AOPA 大会（2）

与世界第一女飞行员 Patty Wagstaff 合影

CHINA SUMMIT 2015

SHENZHEN, CHINA 18-20 OCTOBER 2015

DOING BUSINESS WITH CHINA NETWORK 开 YPO WPO

➤ 青年总裁组织（YPO）深圳大会合影

➤ 特技飞行表演

图片编辑 / 赵倩

PART 2

激情无限：向着太阳飞去

综　述
激情无限：向着太阳飞去

张家卫

我要的一种生命更灿烂，我要的一片天空更蔚蓝，我知道我要的那种幸福，就在那片更高的天空，我要飞得更高，飞得更高！

陈玮从小迷恋飞行，高中时曾报考飞行员，只因个子太高未能如愿以偿。2006年，陈玮在美国开始学习飞行驾驶，2007年拿到飞行驾照，并获得仪器驾驶及双引擎飞行的资格。2009年，陈玮偶然注意到世界上完成环球飞行的飞行员名单上尚无中国人。这让始终怀揣中国梦想的陈玮动心了，而他当时的飞行时数仅仅才200多个小时。

2011年5月22日至7月29日，历时69天，陈玮驾驶自己的单引擎私人飞机从孟菲斯出发，经过4个洲、21个国家、40多个城市，飞程4万公里，遭遇冰岛火山喷发，历尽困苦和险境完成了环球飞行，填补了当年环飞史上没有中国人的空白，成为中国环球飞行的第一人，也成为全世界第167位实现环球飞行的人。

2011年7月12日，当陈玮驾驶的飞机穿过浓雾降落在北京首都国际机场的时候，中国航空器拥有者及驾驶员协会（AOPA China）打出横幅“创造世界通用航空新历史，开创中国通用航空新纪元”。他同时创造了另外两个纪录：环球飞行首次穿越中国领空和首架单引擎私人飞机降落在北京首都国际机场，被称为中国通航史上划时代的纪录。

接下来的年月里，陈玮念念不忘的是中国通航事业的发展，为此他不辞劳苦，从来不计个人得失，除了利用自己的影响力推动中国的通航事业，他还第一次把环球飞行员的年会引入中国举行，意在提升中国通航在海外的影响力。为了鼓励华裔女飞行员的环球飞行，他捐出人民币 100 万元由中国航空器拥有者及驾驶员协会（AOPO）管理，用于奖励中国第一个女环球飞行员。

陈玮来到美国已经 20 多年，但是他一直保留着自己的中国国籍。他的公司，包括洛杉矶思凯航空的机库，总是悬挂着中国和美国两国国旗。他的飞机也都以“龙”字命名：火中龙、云中龙、玉娇龙，等等。在去世前，陈玮已经飞行到超过 100 个国家，足迹遍布了世界七大洲五大洋。

记得是 2016 年，我与友人去洛杉矶，陈玮带我们去飞一个美丽的海岛。陈玮说：“海岛上的跑道很短，刚好够驾驶飞机的起降长度，稍有闪失，后果会不堪设想。”他问我们敢与他一起飞行吗？我们沉吟了一下，回答说：“敢！”当我们从海岛上飞回来的时候，正是洛杉矶的黄昏，陈玮让坐在副驾驶位的我来操纵飞机，那种感觉至今萦绕脑海。天边翻滚着瑰丽的晚霞，太阳在一点一点沉入地平线，整个洛杉矶城市已经是万家灯火。记得我说：“世界是平的，城市是一样的，人类也是一样的。”陈玮说：“每一次的飞行，都会让我体会到世界的伟大、人类的渺小，但世界是我们的。”

出事前在洛杉矶的最后一天，陈玮与其他几位飞行员朋友做编队飞行，挚友 Elena 为他拍摄的视频中，陈玮驾驶着战斗机正飞进了美丽绚烂的夕阳里，他兴奋地说：“我向着太阳飞去了！”

一语成谶，这一段视频竟成了陈玮飞行的最后一个绝版画面。

高天之上的友谊

李湘宏

每次和陈玮飞行，我都能强烈地感觉到陈玮对航空和飞行的热爱，以及希望能为中国通用航空发展做出贡献的那种激情。他的这种激情至今都还在影响着我。

一见如故的相遇是人生的一大乐事。

我和陈玮的第一次见面就是如此。

那是 2011 年 7 月 22 号晚，在西雅图联合湖畔的一个西餐馆。

陈玮给我的第一印象是开朗、大气、非常爱笑。而且一见面就给我一个中国人之间很少见到的熊抱，一下子就缩短了我们之间的距离。

挑旺我的梦想之火

飞行是我从小的梦想，但因为种种原因，最终没有能把飞行当作一种职业。

1995 年来美国留学后，紧张的学习、工作让我离飞行的梦想越来越远。

一直到 2007 年，等一切都稳定以后，我才重新拾起儿时的梦想，开始学习飞行，并取得了飞行驾照。

之后，飞行一直是我生活的一部分。

也是源于对飞行的热爱，我于 2011 年开始自己组装套材飞机。

就在那一年，我突然从网上得知一个叫陈玮的中国人开始了中国公民的第一次环球飞行。

当时在美华人中喜欢和学习飞行的人非常少，可能是我们华人从小就觉得飞行是一件非常危险的事情，一般不会得到家里的支持。所以当时一看到这个新闻，立刻引起了我的关注。陈玮的这一壮举立刻让我记住了他的名字。

我虽然也曾梦想过环飞，但当时只是非常遥远的梦想。

而进行环球飞行的人，我也是觉得离我的生活非常遥远。

后来，我就在微博上关注陈玮的环飞，从他微博上的文字和照片里体会环飞的乐趣和艰辛。特别是他成为第一个驾驶通航螺旋桨飞机降落在北京首都国际机场后，在为他高兴的同时，也让我开始觉得中国的通航有了希望，通航这个领域在 20 世纪 50 年代短暂的辉煌后，会再次迎来高速发展。

如果有机会，我也要为中国的通用航空发展做些贡献，虽然当时还不太确定具体做什么——这是陈玮对我今后的人生道路第一次产生影响。

执着和付出是激情的翅膀

本来以为我和陈玮各自享受飞行的快乐，之间不会有任何交集。

但事情在 2011 年 7 月 21 日发生了转变。我从他的微博得知他 7 月 21 日会降落西雅图时，我在微博上留言，希望在西雅图时能一起吃个饭，认识一下。

陈玮爽快地答应了。这开启了我们云天之上的友谊，陈玮不再是我只能远远关注的名人，而成为可以彼此分享快乐飞翔的好朋友。

那一晚，我们聊得非常投缘。我们聊了很多飞行、飞行技术的话题。这也是之后我和陈玮之间聊得最多的话题。

从聊天中，我对陈玮更加佩服。佩服他对梦想的执着和付出，无论对自己的事业还是飞行爱好。这也是他对我的另一个影响。

直到现在，我几乎每天都会问自己：“你的梦想是什么？”“你为达到你的梦想做了什么？”现在我仍在追寻自己的梦想，也是陈玮的言行在不断鞭策我不要放弃梦想，要为自己的梦想不懈地付出。

也是这次聊天，我发现了自己和陈玮之间有很多共同点：

我们同年，他出生在湖南长沙，我出生在湖南株洲，相距不过 50 多公里。

我们都是 1995 年来美国读书。

我们都是 2007 年开始学习飞行并拿到飞行执照。

这进一步拉近了我们之间的距离。

那天晚上离开之前，陈玮向我和我太太发出邀请，邀请我们第二天参加他后续环球飞行的行程，7 月 23 日乘坐他的 TBM700 飞机去参加当年的 EAA 飞来者大会。

我当然是欣然接受。

因为我当时在波音工作，陈玮还担心时间紧急我不好请假。我当时回答一句说“这个假我是请定了，如果公司不批，我辞职也要去”——我当然不能错过这个千载难逢的机会。

不同寻常的飞行体验

飞行，对于我来说曾经是一个因为爱好而形成的生活的一部分。

是陈玮和他对飞行的激情点燃了我，让我得到了不同寻常的体验。

在飞往 EAA 飞来者大会的途中，我和我太太坐在乘客舱里，耳机里几乎在全程循环播放汪峰的歌《飞得更高》。

陈玮告诉我，这是他最喜欢的一首歌。在环球飞行过程中，是这首歌在激励着他克服各种困难。

生命就像一条大河
时而宁静时而疯狂
……
我知道我要的那种幸福

就在那片更高的天空
我要飞得更高
狂风一样舞蹈
挣脱怀抱。
我要飞得更高
翅膀卷起风暴
心生呼啸
……
我要的一种生命更灿烂
我要的一片天空更蔚蓝
我知道我要的那种幸福
就在那片更高的天空

伴随耳机中传出的歌声，我们也心潮难平。

回想起来，这首歌又何尝不是陈玮精彩一生的写照呢？现在这首歌也是我最喜欢的歌曲，疲惫时，这首歌能给我带来新的动力，让我继续奔跑在追梦的路上。

培育热爱飞行的种子

在 EAA 飞来者大会上，我和陈玮在不同展区和成千上万架飞机间穿梭，吸收着各种飞行和航空的知识。

我们都梦想着有一天中国也能有这种属于飞行爱好者自己的大会，大家能在会上看到私人飞行和通航的最新发展和技术，爱好者之间能尽情交流。

当时，陈玮和我说，他希望将来能为中国有自己的真正的飞来者大会做点贡献。随后的几年里，他也的确在这方面做了很多努力。

在整个活动期间陈玮既是聚集华人朋友的吸铁石，也是连接从国内来的飞行爱好者和美国飞行爱好者的桥梁。

他不厌其烦地给大家担任解说，让大家能真正看到这个全球最大通航聚会的精华。他说，这里每一个从国内来的朋友都是将来中国通航发展的中坚力量，每一个人都是一颗种子。他非常希望这些种子回去后能给中国的通航发展带去新的思路。

看得出，他从那时起就已经不满足于自己享受飞行的快乐了，他希望能把飞行的快乐带给更多的人。

在接下来的几年里，陈玮在美国和中国的华人朋友中推动航空文化的努力是有目共睹的，也为此结下了很多飞行圈的朋友。EAA 飞来者大会结束后，按计划，陈玮将继续飞往孟菲斯，完成中国公民首次环飞的壮举，我和太太将搭乘商业航班返回西雅图。

分别前，陈玮一再和我说："等你的自制飞机完工后，一定要告诉我。希望我们能一起驾驶你的自制飞机快乐飞翔。"

——这个约定当然不能忘了。

"比翼双飞"的日子

回到西雅图后，飞来者大会的经历让我更加专注于完成我自己当时的梦想——自制飞机，盼望着早日驾驶自己制造的飞机享受快乐飞翔。

长话短说，我的自制飞机在我利用三年零一个月的业余时间后，于 2014 年 5 月 25 日顺利完成了首飞。

我第一时间告诉了陈玮，并约定他下次再来西雅图，一定要一起驾驶我的自制飞机翱翔在西雅图上空。

兑现这个约定时已是 2015 年 9 月 23 日了。

当时习近平主席访美，西雅图作为第一站，安排了和在美国优秀华人代表见面。陈玮因为其优秀的表现入选参加习主席的见面会。

那时他已经经过自己的不懈努力，拿到航线飞行员的资质，拥有了自己的喷气机和公务机，驾驶自己的飞机穿梭在不同城市为自己的公司发展打拼。业余时，他常常驾驶喷气战斗机在当地的飞行活动上进行飞行表演，传播飞行文化。

那次他是飞着他的公务机来的西雅图，我们约好在波音机场见面，我飞我的自制 RV7 飞机去那和他会合。

当两个热爱飞行的人在一起，还有什么好说的，接下来自然是我们驾驶我这架 RV7 飞机在西雅图的天空中尽情地快乐飞翔。

时而从海面低空掠过，时而从城市上空领略西雅图的市容。

至今我还保留着那次飞行的飞行轨迹和相机拍下的照片，它们记录了我们的快乐时光。

相信那一次也是令陈玮非常难忘的一次飞行。

发自内心的笑容

因为在不同的城市，平时也要忙着各自的工作，我和陈玮见面的时间不是特别多，但会经常通话，讨论一些飞行和通航的话题。

每次通话结束前，我们都表示希望有机会能再次一起飞行。我们都很珍惜在一起飞行的时间，约好都参加 2016 年的 EAA，在大会上再次相聚。

2016 年的 EAA，我再次驾驶我的自制飞机从西雅图起飞，跨过三分之二个美国大陆抵达。陈玮也驾驶他的喷气战机参加。我们再次相聚。

同以往参加 EAA 一样，陈玮在推广航空文化上是不遗余力。只要大会上能排得开飞行时间，他总是非常高兴地带着飞行爱好者们用他那架 L-39 喷气战机做体验飞行，传播飞行的种子。

他的朋友中应该有不少在他的飞机上做过体验飞行。

让我印象深刻的是他在所有这些活动过程中一直挂在脸上的笑容，那是发自内心的笑容，是真正因为热爱才会有的一种笑容。

这次离开 EAA 之前，我们再次相约——下次来西雅图我们一起编队飞行，同时我会叫上西雅图的华人飞行员一起参加。

三架飞机编队飞行

这次的约定很快就变成了现实。

2016 年 8 月 13 日，陈玮再次驾驶他的那架环球的飞机 TBM700 来到西雅图。这次没有飞他的公务机也是考虑到要进行编队飞行，我们的活塞式螺旋桨飞机和他的喷气式公务机的性能差别太大，很难在一起编队飞行。

我还是驾驶我的自制 RV7 飞到波音机场和他会合。这个机场俨然成为我们一起快乐飞翔的一块福地了。

那天还有西雅图另一个华人飞行员驾驶他的 Pitts 双翼特技飞机一起来参加编队飞行。

就这样，我们要用三架飞行性能差别很大的飞机来完成这次应该是北美华人飞行间的第一次编队飞行。虽然我们都各自有过一些编队飞行的经验，但这次用性能差别很大的飞机来飞还是有一些挑战。

在认真研究了三架飞机的性能后，我们共同决定了编队飞行路线，飞行速度，以及飞行中的通话频率。当然这次编队飞行还是很成功的，大家在一起又有了一次难忘的快乐飞行。

快乐飞翔的时光总是短暂的。第二天陈玮就要离开西雅图返回洛杉矶。我们照例约定下次的飞行。他邀请我飞 RV7 去洛杉矶和他的初教六飞机一起编队飞行，并去试驾初教六和 L-39 飞机。令人遗憾的是，这个成为我们之间无法完成的一个约定。

飞行在高峰之上，永远

2017 年 4 月 9 日，陈玮再次驾机飞到西雅图，我介绍了更多的西雅图的华人飞行员和陈玮认识。

陈玮很高兴见到西雅图有越来越多的华人喜欢飞行。

这一次，我们相约各自驾驶自己的飞机，带上华人飞行爱好者从空中领略北美大陆最高峰——位于西雅图东南的瑞尼尔雪山。

陈玮每到一地，总是尽全力向人介绍航空，推广航空文化，希望更多的人能加入飞行的队伍。这也一直是他在身体力行的事情。

而每次和陈玮飞行，我都能强烈地感受到陈玮对航空和飞行的热爱，以及希望能为中国的通航发展做出贡献的那种激情。他的这种激情至今都还影响着我。

在陈玮的影响下，我于 2018 年 4 月辞去波音的工作，参与到中国的通航事业中。

2018 年 10 月，我们还通了很长的电话，我向他介绍我对中国通航的想法。他表达了对我做出这个决定的敬佩，也很高兴能把我的一些专业知识和经验用到国内的通航发展上。

我们相约下次一起的飞行会是在国内，希望在国内也能快乐飞翔。我对此充满期待。

然而 2018 年 12 月 20 日是个令人沉重的日子。我从不相信，到不愿接受，到难以忍受。我恨天妒英才，让仍充满梦想的陈玮过早地离开我们。

我悲痛我失去了一个亦师亦友的同龄人。

我遗憾不能兑现我们之间的约定。

陈玮已经离我们而去快两年了，但我还会时常想起他，想起他的笑容，想起他对我的影响和激励，想起我们一起快乐飞翔的点点滴滴。

作者简介 李湘宏，现任小熊飞机制造（扬州）公司总经理。于北京航空航天大学飞行器设计和应用力学系毕业后在北航从事轻型飞行设计研究工作。之后留美学习，在耶鲁大学取得博士学位。以结构专家和高级咨询员身份为美国各大公司提供工程咨询服务。2008 年进入波音公司从事高级结构工程师工作。2014 年开始在波音从事管理工作。2018 年离开波音回国从事小飞机制造工作。李湘宏持有美国职业工程师资格证书，热爱航空和飞行，拥有 FAA 陆地和水上飞机商业飞行执照。

永远的灿烂

Amy

陈玮的时间都安排得紧紧的，每天的工作量大得惊人，但是不管工作多忙多累，他脸上始终洋溢着笑容，而且永远都是那么灿烂和自信，这些一直都感染着我。

假新闻！听到 Wei（陈玮）出事的消息，我当时整个人都吓傻了，第一想到的就是假的，肯定是个假新闻！确定之后，一时难以接受，情绪低落到了极点，眼泪不断地往下流。

时间过得真快，一晃就快要两年了，如果时光能永远停留在 2018 年 12 月 20 日之前就好了，这样陈玮就可以永远跟我们在一起了。

我和陈玮在 2008 年相识于 Sunshine 旗下的深圳商翔，Wei 是 Sunshine 的创始人和 CEO，我负责 Wei 在国内个人业务联系和安排，以及国内深圳公司、香港公司、无锡工厂的财务资金运作。

Wei 是一个相当成功的企业家，有胆识、有目标、有想法，运筹帷幄、精明强干，又是世界上第一位环球飞行的中国人，是所有华人的骄傲。

他的时间都安排得紧紧的，每天的工作量大得惊人，但是不管工作多忙多累，他脸上始终都洋溢着笑容，而且永远都是那么的灿烂和自信，这些一直都感染着我。

虽然陈玮的大部分时间都在国外到处飞，很少回国内，但是他每个月都会打电话来，问候大家，关心大家和公司运作情况。而且，不管他平时有多忙，每年到了春节，他肯定会回国，到深圳公司来跟大家一起吃年饭，一起玩游戏，一起唱歌，他最喜欢唱《飞得更高》这首歌了，而且唱得非常好听。

陈玮跟大家一起玩游戏时就像小孩一样，全身投入，没有上下级之分，跟大家打成一片，开心得不得了。

每次在全体员工会议上，他都会特别地强调，“希望大家在公司工作都是开开心心的，工作开心了才能经营好家庭，家庭才会幸福，这是我们商翔公司的旗号”。

我特别喜欢陈玮这句话，也就因为这句话让我在商翔跟着 Wei 工做了十几年，从开始的相识到相知，十几年来 Wei 对我的信任、关心、包容和教诲，慢慢地变成像亲人一样，在工作各方面我俩都配合得天衣无缝，Wei 经常说，公司有我帮忙看着他就放心了。

陈玮自己的处事风格也给我很大触动——

Wei 是一个很孝顺父母和很爱家庭的人，不管自己多忙多累，都会抽时间陪伴父母和家人，每年都会带着父母和家人一起出去游玩度假，经常会感恩父母和家人的好。

记得有一次他回国待了差不多有一个月吧，突然打电话跟我说，Amy 你帮我重新安排一下行程，我要提前回美国，好想好想孩子们和家人了，差不多一个月没见了，太想他们了，到时还要去洛杉矶看望爸妈。

其实陈玮每次回国待的时间都很短，行程安排得都很紧密，这次是为了圆他儿时“到北大上课”的梦想，他去北大做慈善演讲，演讲所得的款项都捐献给北京同心圆慈善基金会，用于救助白血病儿童。

在北大完成演讲后，他还特意打电话告诉我，“他终于完成了小时候的梦想，感觉好激动、好兴奋，演讲相当成功，心里特别开心”。

Wei 是一个很有想法，热爱祖国、热爱飞行、有爱心、敢于实践、敢于挑战未来的人。

在 2011 年 5 月 22 日至 7 月 29 日挑战完成了历经 69 天的环球飞行，成为中国环球飞行第一人，并创造了另外两个纪录：环球飞行首次穿越中国领空，首架单引擎私人飞机降落在北京首都国际机场，这是所有华人的骄傲。

2012 年 2 月 25 日，他参加了湖南卫视《快乐大本营》节目，给大家讲述环球飞行过程中遇到的人和事，把自己的亲身感受和经历传授给观众朋友们，现场气氛开心快乐。

2013 年 9 月，他出版了个人环球飞行自传《云上八万里：中国公民首次环球飞行》这本书。

他在这本书的最后提出了一个重要问题："如果知道自己不会失败，你将尝试做什么"，这个问题深得大家思考，并且让我们一生去探寻。

2017 年 8 月，Wei 捐赠 100 万元人民币作为奖励给第一位完成环球飞行的女飞行员，并且每年国内举行的航展不管多忙他都会安排回来参加。

记得 Wei 说过，他的梦想就是要走遍全世界，每年最少都要走十几个国家，在 2017 年春节时他已经走完了 100 多个国家，已经走完半个世界了。

本来 2018 年是我们公司 20 年来业务最火的一年，创下了历史高峰，年底又是我们公司 20 周年大庆，当时策划着一定要好好地庆祝，一切都已经准备就绪，就等他们四人参加完合力叉车洽谈会回来为公司举办 20 周年庆典。

当天，在开完会上飞机之前，Wei 还给我打了一个电话，很开心地说："我们已经顺利完成了洽谈会，马上要回孟菲斯了，回到孟菲斯后就要举办公司 20 周年庆典活动了，等美国这边忙完了，春节一定会和陈江回深圳来跟员工们好好庆祝。"

没想到这次通话就成了我们最后的告别。

我到现在都还一直留着 Wei 的微信，经常会打开微信看看以前跟他的聊天记录和听听跟他的语音。

每当听到他的声音时就感觉他还在我们身边，永远活在我的心里，相信他会一直在天上陪伴着我们。

陈玮精彩、励志的人生会一直激励着我们，愿他在天上自由翱翔，飞得更高。

作者简介 Amy，深圳市商翔重工进出口有限公司负责人，也是商翔公司的财务部经理，中文名叫杨彩，从 2008 年 11 月 10 日进公司到现在，主要负责深圳公司、香港公司的日常运营，深圳公司、香港公司和无锡工厂的财务资金运作，以及陈玮在国内个人业务联系和安排。

传承航空精神的使者

高远洋

陈玮是传承航空精神的使者，他的故事和他的精神激励了很多年轻人。本着对天空的敬畏之心，勇敢地去拥抱蓝天、征服天空、实现人类自由飞行梦想，这就是航空精神的体现。

与陈玮的相识相知是偶然中的必然。

说偶然是因为我们相识于偶然的场合，那时我在陕西省渭南市挂职任市长助理，负责该市航空产业发展，陈玮作为国际通用航空知名人士应市政府和我本人之邀到渭南访问考察，我们因此而相识；说必然是因为陈玮在中国通用航空界几乎是无人不知无人不晓，而我身为北京航空航天大学通用航空产业研究中心主任、一名长期跟踪中国通用航空发展的学者及行业观察者，与陈玮产生交集则是自然而然、一定会发生的事情。

访问团里最耀眼的人

时间回到12年前。

2008年，我作为“博士服务团”成员在陕西渭南市政府挂职任市长助理。

巧的是，当时渭南市也正在谋划通用航空发展，我作为来自北京航空航天大学的教授，自然就成为负责全市通用航空发展的政府负责人。

航空业是极具全球化的一个产业，为促进渭南通用航空产业国际化发展，在渭南工作时我很重视促进中外通用航空业界的交流，经常邀请国际航空界人士访问渭南，而陈玮就是其中的一位受市政府和我本人之邀多次到访渭南的国际航空资深大咖。

陈玮还是另一位通用航空界知名人士、美籍华人赵嘉国先生最先介绍给我认识的，他说："你搞通用航空的话一定要会一会陈玮，他在美国华人航空圈很有影响。"

记得陈玮第一次到渭南是 2009 年 10 月，当时他随赵嘉国先生率领的一个国际通用航空访问团第一次到访渭南，我作为市政府的主管领导全程陪同，并带他们去参观了渭南正在建设中的尚未启用的当时中国最好的通用航空机场——渭南蒲城通用机场。

第一次见到陈玮，他积极向上的生活状态和激情满怀的航空精神就给我留下了深刻的印象。

他是整个访问团最耀眼的人，阳光爽朗、热情向上，无论是正式会议还是非正式的聚会，只要有他在，场面一定很热闹、气氛一定会很活跃。

于是，我与陈玮一见如故，从那以后我们就成为很好的朋友，一起致力于促进通用航空发展的事业伙伴。

相会孟菲斯

2010 年 1 月，在赵嘉国先生的协助下，我组织的渭南市通用航空美国考察团终于成行，在此行的行程安排中，我们把孟菲斯作为一个考察访问重点，以实现陈玮在渭南市立下的相会孟菲斯之约定。

为此，陈玮做了精心准备，在他的安排下，我们参观考察了当地的通用航空机场、通用航空机构和企业，还在孟菲斯附近的一个通用机场专门为我们组织了一场飞行表演。

要知道，在中国这样高水平的飞行表演只有在国家级水平的航展上才能看得到，足见陈玮在美国航空界的影响力和号召力。在一个局部地区不经意间就为我们组织了这样一场专属的高水平飞行表演活动，也让我们认识到美国航空文化的大众化程度及航空活动的普及程度。

同时，我们还注意到了一个细节，进行飞行表演活动的机场是一个无塔台的机场，指挥飞行表演的指挥员是一个 70 多岁的老飞行员，且仅仅用一个手持通话机就能顺畅地完成飞行指挥。

这让随行的民航局官员很有感触——通用航空的确不是高大上的行当，而是一个具有大众化特征的产业和活动领域。

像这样的接地气的中美航空界的交流活动陈玮组织了无数次，为增进中国通用航空界对美国通用航空发展的了解和认识做出了重要贡献。

为推动中国通用航空的发展，中国民航局目前正在推进通用航空管理改革，秉持的改革精神正是“放管结合、以放为主”，让通用航空真正体现其大众化特性，这也是我们从观察美国通用航空发展、与美国通用航空业界交流中所获得的重要启示和借鉴，这其中自然有陈玮先生的功劳。

在孟菲斯期间，我们还访问了陈玮就读过的孟菲斯大学、他捐助过的医疗研究机构，使我们对陈玮有了更多的了解。

我们知道了陈玮还是一位很有爱心的乐善好施的慈善家，为学校捐款，为医疗机构捐款，为需要帮助的人募捐，包括他的环球飞行也是一个慈善募捐活动。

他还邀请我们去了他在孟菲斯创立的公司——商翔实业公司（Sunshine Enterprise）。

我这才知道陈玮为航空而生、但不是以航空为生。虽然航空是他生命的重要部分，是他的一种生活方式和生活态度，但航空不是他的职业和生意，他的“本职工作”是工程机械行业的一位实业家，后来又涉足金融行业成为一名银行家，事业非常成功，是一位公认的杰出青年企业家。他是世界青年总裁组织（YPO）的活跃会员，并作为共同主席之一主办过 YPO 中国峰会。

助力祖国通用航空产业

自那以后，我和陈玮成了很要好的朋友，当然我们在一起聊得最多的还是航空，谈得很深、很投入。

无论是我到美国还是他回中国，或者是在国内外航展、航空论坛、行业大会等航空活动场合，我们总会在经意与不经意间约见或不期而遇。

2016 年 4 月，他在北京参加 YPO 的一个会议，尽管会议日程非常紧张，他也没有忘记设法抽空溜出来与我和时任亚洲公务航空协会主席、美国赛斯纳飞机公司北亚地区副总裁吴景奎先生匆匆见一面，共进午餐，连会议胸牌都没来得及摘。

只要是我组织举办的国内外重要航空活动，我也总会邀请他参加，而只要是有时间他也一定会参加，而且总会给我、给参会者带来惊喜。

2009 年 10 月，中国通用航空大会在渭南举行。陈玮与众多国际通用航空知名人士邀参加。

因为我在渭南挂职的缘故，陈玮与渭南市结了缘，他为渭南市通用航空产业发展提出了许多宝贵的建议并身体力行助力发展。

在 2011 年的环球飞行活动中陈玮也把渭南作为其环球飞行中的一站。不仅仅是渭南，陈玮也是深圳、郑州等许多城市缘分匪浅，为中国各地航空事业的发展献计献策，为促进中国通用航空产业发展做出了贡献。

为中国通用航空代言

2011 年，在渭南市政府的挂职工作结束后，我回到北京航空航天大学主持我创立的北京航空航天大学通用航空产业研究中心，倾心于航空文化普及及通用航空产业发展，此后我与陈玮的会面更为频繁、交往更为密切。

美国 EAA “飞来者”大会（EAA AirVenture）是全球规模最大、久负盛名的通用航空年度盛会。近几年在每年的 EAA 大会上我都会组织一场关于中国通用航空发展的主题论坛，陈玮总会是我组织的这个国际通用航空论坛的协助者和重要嘉宾，参与论坛组织或在论坛做演讲，对他而言这不仅仅是友情出席，而是一种责任参与。

他以促进中外通用航空交流为己任，为中国通用航空发展代言，用他的亲身经历讲述中国人的航空故事、介绍中国通用航空发展，他的出现总会给会场带来惊喜。他树立了新一代中国航空人的形象，使国际社会认识到在中国人身上也有可贵的航空精神，中国人从来就不缺乏飞行梦想。

陈玮也是 EAA 大会会场最为活跃和知名的人士之一，是具有国际范的知名航空“大咖”。他也经常将他的一些飞行圈的朋友介绍给我认识。

记得在 2012 年的 EAA 大会上，中国国产的“初教六”（美国人称之为“Chinese CJ6”）飞机很是风光了一把，第一天飞行表演中第一个出场的就是初教六编队，这让在场的中国人倍感自豪，而陈玮和他的初教六飞机正是其中的一员。

陈玮还带我造访了位于会场战机展示区（WarBirds）的初教六营地，并把他的一位 70 多岁的飞行老友介绍给我认识。当这位老先生听说我来自中国后，他非常兴奋地把我带到他自己的初教六飞机前，非常自豪地向我展示了他所珍藏的初教六飞机总设计师程不时先生在他飞机上的签名。那时我才知道我们中国造的初教六飞机这么受美国航空迷的喜爱。后来陈玮还把他在美国组建的“初教六”飞机飞行表演队带到中国，参加了在西安举办的中国通用航空大会，成就了中美航空民间深度交往的一段佳话。

2017 年 3 月，我和美国驻华大使馆商务处在洛杉矶组织召开了“首届中美通用航空商务交流会”，陈玮也应邀来到会场做了主题演讲，并邀请与会者参观了他在洛杉矶 Brackett 机场的飞行基地，与他一起在他心爱的 L-39 特技飞机前合影。

在我主持的北京航空航天大学通用航空 EMBA 教育项目的海外游学活动中，我也把陈玮在洛杉矶的飞行基地作为一个游学考察点，陈玮带学员们考察机场、参观他的飞行基地和飞机，给他们讲解美国通用航空发展情况，与他们进行互动交流，使学员们受益匪浅，幸运的学员还会被陈玮邀请坐上他的爱机飞上天空体验特技飞行。

陈玮的航空故事是航空精神最好的诠释

陈玮带着我飞过多次，但都是商务飞行居多，我一直也没有乘坐过他的特技飞机体验特技飞行，因为但凡有这样的机会我总是会让给同行的其他朋友。

带我体验特技飞行一直是陈玮的一个心愿，我们总觉得有机会去实现，但终成遗憾。

陈玮很好客，对中国到访美国的航空界朋友，陈玮总是会给予热情接待，且只要有可能也总会不计成本地带客人飞上天空体验飞行。

搞航空的都知道，飞机（尤其是喷气飞机）飞行的燃油费、维护费不菲，我老跟他开玩笑说，别人搞航空是在赚钱，你搞航空则是在亏钱。

的确，航空不是陈玮的生意，而是他的一种生活形态与生活追求。影响更多的人热爱航空、使更多的人享受飞行快乐是他的使命，他也乐在其中。

我自己的孩子也是陈玮的小粉丝，因为陈玮而爱上了航空，视陈玮为大英雄，不到 10 岁就在读陈玮的环飞游记《云上八万里：中国公民首次环球飞行》，他与陈玮的合影是他最珍爱的一张照片。

榜样的力量是无穷的，陈玮的故事使很多人对航空产生了兴趣，陈玮的航空精神激励了很多年轻人投身于航空事业。

陈玮和我都有一个共同的愿望，要一起为中国通用航空的发展做些有意义的事情。我们都有一个共同的认识，欧美国家航空业之所以发达，不在于他们有多少架飞机、多少个飞机制造厂，而在于他们对航空科普教育的重视以及由此而形成的航空文化的普及。

在国外尤其是在美国举办的航空展会都有针对少儿的航空科普体验区或体验营，遍布全美各地的大大小小的航空博物馆都有针对青少年的航空科普项目及开展航空科普教育的场所。这些都使得航空文化和航空精神得以一代代传承，这是他们最牛的地方，也是最值得我们借鉴之处。

所以，我和陈玮一直在计划开发一个类似于像美国的“雏鹰计划”（Young Eagle）那样的航空科普教育项目，并计划在他位于洛杉矶 Brackett 机场的飞行基地设立面对中国青少年的常态化开放的“中国青少年航空海外体验营”。

为此，2018 年 5 月我还专程去洛杉矶就此事与他进行讨论，去他的 Brackett 飞行基地进行现场查勘谋划，并在他的飞行基地（我们准备建设“中国青少年航空海外体验营”的场地）和他一起在他心爱的飞机前合了一张影，没想到这竟然成了我和他的最后的合照，建设“中国青少年航空海外体验营”的愿望竟也成为了他的未竟夙愿。

2018 年 12 月 21 日（美国东部时间 12 月 20 日），几乎是在第一时间我得到了陈玮驾驶飞机在美国失事不幸罹难的消息，这使我非常震惊，我不敢相信也不愿意相信是真的，我多么希望这是一个谣言或者是误传，但非常不幸的是消息得到了证实。

而那时我应《中国民航报》之邀撰写的通用航空年度述评大稿《2018 中国通用航空大盘点》正好写就搁笔。陈玮的不幸离世使我感到极度的悲伤，闭上眼睛，往事历历在目，于是有感而发，我重新打开文稿，在文章末尾浓墨重彩地加上了一段文字：“就在本文写就之时，传来了华人环球飞行第一人陈玮在美国飞行失事不幸遇难的消息，使整个通航圈都弥漫在悲伤的气氛中。陈玮是传承航空精神的使者，他的故事和他的精神激励了很多年轻人。航空就是这样，有挑战有风险，本着对天空的敬畏之心，勇敢地去拥抱蓝天、征服天空、实现人类自由飞行梦想，我想这就是航空精神的体现。”

If I die，don’t cry. Look at the sky，and say goodbye. 斯人已逝，英容犹在，忧思难忘。

谨以此文纪念我亲爱的朋友陈玮——传承航空精神的使者。

作者简介 高远洋，管理学博士，著名通用航空产业专家，北京航空航天大学通用航空产业研究中心主任，中国交通运输协会通用航空产业促进分会副会长，曾在美国加州伯克利大学 Haas 商学院做访问学者，曾任中国陕西省渭南市市长助理（挂职）。参与了中国通用航空相关政策和标准的研究与起草，承担了多项国家级通用航空研究及国际通用航空合作项目，主持了中国 50 余个省市的通用航空产业规划。多次接受国内外航空主流媒体专访，并在国际国内行业高峰论坛做主旨演讲。

企业家中的航空人，飞行圈中的企业家

郭 阳

他不是航空的从业人，却在航空业写下了浓墨重彩的一笔，也在世界的天空留下了不可磨灭的痕迹。

记忆中的二三事，随着时光而遥远，陈玮带给我的感动甚至震撼却清晰如昨。

降落在首都国际机场

我和陈玮的交集开始于他的环飞壮举，有幸在他的环飞过程中帮助他圆一个心愿。

由于多年从事国际民用航空领域的工作，我业余时间承担了中国 AOPA[①] 的一份职责，担任副秘书长。

2011 年，我们得知有一位中国籍私照飞行员即将驾驶私人单发飞机，沿环球飞行路线进入中国，并且希望降落在北京首都国际机场。

这是一个相当大胆的想法，哪怕是在今天。首都国际机场作为世界最为繁忙

① 中国 AOPA 即中国航空器拥有者及驾驶员协会，是国际最大的通用航空组织 IAOPA 在中国的机构。

的机场之一，进港和离港的航班时刻都是严格紧密规划的，基本上容不得飞行高度低、速度慢的小飞机插空进出。

当这个信息传递到中国 AOPA 的时候，我们安排了团队协助他在中国境内的航路批准，但是真不敢贸然接应降落首都国际机场的批准任务，因为我们知道，由于起落航班数量大，间隔密集，就算多降落一架喷气公务机，获批都非常不容易，而他的单发小型飞机的速度相比民航喷气机相对慢很多，民航一来担心此类飞机的性能他们不熟悉，二来担心影响正常航班。

但是，一个有能量的人是不会轻易放弃他的梦想的。在陈玮的一再争取之下，协会的秘书长张峰认为我们应该帮陈玮做个突破，于是这个任务给到了我。

长话短说，我反复思忖，决定请求我以前在民航工作时认识的老领导、老朋友。

幸运的是，主管的总调度室主任听我描述了这个任务的重要意义，也很受打动，落实协调他们的空管指挥人员很快给出了方案，总参空管委的领导也给予了特别的支持。

最终，考虑到安全运行以及不影响正常航班时刻，便让陈玮在早上 6：30 之前降落。作为有准备的人，陈玮在晨雾中落在了首都国际机场的停机坪上。

那天的情形，很多人都在各种新闻报道以及陈玮本人的书《云上八万里：中国公民首次环球飞行》看到了，成为有历史意义的一个画面。

陈玮环球飞行降落首都国际机场的事情发生在中国的通用航空市场备受关注，但又缺乏亮点的时期。所以，似乎是在阴霾的天空射下来一抹阳光，让大家在行业里看到了希望。

自带能量场的人

陈玮定居美国，每年要到多个国家探访，一直持中国护照的他遇到了不少不便。屡屡谈及这些，他仍是很坚定地说他不会改变他的中国籍。他愿意一直做中国人，为中国增光。

陈玮携带超强的能量场联结着五大洲的朋友，和大家一起分享飞行的快乐和沟通商机。每次通话的第一句话我都习惯性地要问他：你在哪里？然后他经常会说出来一个让我不由自主要“哇”地感叹一下的地方。

他的热情，他对待所热爱的事情的专注和执着，都着实令人钦佩。

别看他这么四处周游，自己企业的业务一直平稳发展。

他也是一个爱家的优秀好男儿。来来往往，时常听到他讲起父母、妻女。

有一年，我们带着几十位来自世界各地的环球飞行员和家属一起去少林寺参观。我近距离地看到他虔诚的一面，他请上几炷香，替母亲拜拜佛。那副认真劲儿，真不亚于他面对工作的态度。

还有的时候，他和朋友们一起携家人外出旅游，他会分享所见所闻，并且会由衷地说 Happy wife，happy life，意思是用一对押韵的词组，表达能够让太太高兴了，一个家就和谐了。

陈玮在筹备环飞年会的过程中，邀请我和我的团队协助。前期他跑了好几趟郑州，协调酒店、会场，召开新闻发布会，事无巨细地检查包括房间舒适度、餐饮、配套设施、周边环境等每个环节。

会议期间，他不仅详细落实乘坐航班、高铁前来的每一个会员的接送，又同郑州航展组委会协调自驾飞机往来的会员的各项安排。在会议期间，他又自掏腰包带几十个人游览黄河公园、坐特酷的气垫船。而其中有会员在聚会时希望加酒、加菜，他掏腰包满足大家需求的事也是常有发生。

慷慨出资，设立环飞奖金

2014 年，作为中国 AOPA 的理事，陈玮参加了在北京举行的 AOPA 世界会员大会。当时，他特别有感于国内通航发展的热情以及难处。为了鼓励更多的女性参与飞行，他当场宣布将为第一位完成环球飞行的中国籍女飞行员颁发人民币 100 万元的奖金。而且为了不把门槛设得太高而使奖金形同虚设，他把颁奖的条件特地设立得较为宽泛，希望能有人尽快拿到这个大奖。

这个奖项鼓励了一大批优秀的中国女性，在2016年，几乎在同时有两名女性报名参与挑战。陈玮在繁忙的工作间隙，分别前往多地看望两位女飞行员，了解她们的准备情况，给她们出谋划策，并一直鼓励她们，时时提醒她们安全第一。

按照国际环球飞行组织的惯例，称为Honor System，即基于诚信机制由候选人自己申报环飞情况，陈玮做了颁奖计划。后来虽然出现了关于颁奖方式的一些争议，陈玮还是坚持以公正的方式，让评奖过程更加完备，使之更加有公信力。陈玮去世之后，中国AOPA以及陈玮的家属继续以公开、公正的原则，采取公开听证和专家评审的方式，就奖项给予了最终意见。

我们非常欣慰地告诉天下人，陈玮的家人将和中国AOPA继续共同设立奖励基金，鼓励为中国通航做出突出贡献的企业或个人。这算是陈玮为通用航空行业留下的一笔宝贵的精神和物质遗产！

环飞人心中的陈玮

听说陈玮失事，国际环飞界的同好们非常痛心，以下是国际环飞组织的欧洲代表们在得知陈玮飞机失事的噩耗后发来的邮件。

> Wei Chen's hospitality, organisational skills and most of all his enthusiasm for showcasing his first country, China, made the conference in Zhengzhou, and indeed the whole tour, a most memorable one for us all.
>
> Like most of you we had hoped to return the hospitality to Wei sometime in the future but will now have to toast to him instead with other Earth-Rounders who may visit, and with them, wonder whether others who take on the task of hosting an Earth-Rounders reunion in the future will manage to raise the bar higher than Wei Chen did.
>
> Wei Chen, and his Earth-Rounders reunion will not be forgotten by us any time soon.

译文如下：陈玮的热情好客和组织技巧，最重要的是他对展示自己的祖国中国的热情，使这次在郑州举行的会议，乃至整个行程，成为我们大家最难忘的一次聚会。

像你们大多数人一样，我们希望在将来的某个时候把热情回馈给陈玮，但现在我们不得不和其他环飞成员一起为他祈祷。很难想象将来承担主办环球飞行年会任务的其他人是否能将年会的水准提到比陈玮所做的更高的标准。

陈玮，以及他的环飞年会永远不会被我们遗忘。

作者简介 郭阳，中国航空器拥有者及驾驶员协会（中国 AOPA）常务理事、副秘书长。北京银河蓝天科技有限公司及北京航毅航空科技发展有限公司执行董事。郭阳毕业于上海交通大学，以及国际航空 MBA（加拿大）。曾就职于中国民航局，以及国内首屈一指的航空咨询机构，直至创办自己的公司，并于业余时间承担行业协会的社会职务。多年来，在民用航空全产业链做了大量开拓、务实的工作，将国际最先进的技术、设备以及理念带入中国，并推动将中国快速发展中的成果推广到世界各地。

忆陈玮

徐 凡

我和陈玮相识是在2011年的YPO活动上，当时我任YPO中国商会（Doing Business with China Network）的主席。2011年10月，我在北京组织了第一届YPO中国峰会（China Summit），吸引到100多位来自30多个国家的YPO会员。签到那天，我正在签到台边招呼大家，忽然来了一位高大帅气的中国人，他笑着自我介绍说："你好！我叫陈玮，是来自美国孟菲斯的YPO会员，有需要帮忙的吗？"那时的YPO里，中国人非常少，他的出现立刻就吸引了我。我们随即攀谈起来，我了解到陈玮出生于湖南，后来到美国读书，现在是自己企业的老板，同时也是一位飞行员。他知道我在主办活动很忙，约我活动后再找时间见面。

我和陈玮的再次见面是在几个月以后，因为首届的中国峰会很成功，大家希望每年都举办，我考虑邀请一位YPO会员和我共同主办，不知为什么，陈玮的名字出现在我眼前，我发了封邮件给他问他什么时间会来北京，他说："真巧，我刚刚出差到北京，咱们马上见面吧。"见面后，我提出了一起举办第二届中国峰会的想法，他没有丝毫犹豫，痛快地答应了，从此开启了我们合作举办YPO中国峰会的历程。2013年第二届峰会在上海成功举办，2014年在重庆，2015年在深圳……每一届峰会都很辛苦，很多的组织工作，数不清的跨洋电话会，做不完的协调工作，临场的变化更是让我们头疼。可是陈玮总是带着灿烂阳光的笑容迎接每位来参会的嘉宾，他到哪里笑声就响起在那里。尽管这些活动完全是公益的，没有报酬，但对 YPO 活动的热爱和激情让陈玮和我每次都收获了满满的来自嘉宾会员、活动城市政府和活动团队的友情，结识了很多的朋友，熟悉了更多的城市文化，感受到人间真情和真爱。

2014 年，我推荐陈玮接任中国商会主席一职，我相信他会做得更好。事实证明我是对的。陈玮接任后的一天，他和我说，中国是一个 7 万亿美元 GDP 的经济体，YPO 也是一个 7 万亿美元的经济体，我们把它们联系在一起，让世界了解和走进中国，也让中国融入世界，这将是一件多么有意义的事情啊。为此我们为中国商会设计 Logo，是个“开”字，陈玮说竖着的两划分别代表中国和 YPO，横着的两划代表“教育”和“交流”，我们将中国商会办成连接中国和 YPO 的平台，通过教育和思想交流让大家成为朋友，一起做事情，共同发展。中国峰会也走进了北京、上海、重庆、深圳、杭州、西安等城市，将中国当地的历史文化、经济人文展现给来自世界各地的会员们，并通过他们介绍到全球；同时帮助会员们到这些地方考察和投资，创造安全的投资环境。陈玮不仅是思想家，更是践行者。

2016 年，我再次推荐陈玮成为 YPO 国际活动委员会委员（International Events Committee）。IEC 的十几位委员管理着全球大小几千个会员活动，其中全球年会是每年最大的 CEO 聚会，2000—3000 位 CEO 们从世界各地齐聚一堂，研讨经济形势、分享看法和经验，结识朋友和伙伴。陈玮被委以重任，负责年会等大型活动的审批，组织和管理。他常常全球旅行，和活动所在地的组委会开会讨论，帮助他们解决问题，大家都为认识陈玮这样的朋友感到自豪和骄傲，经常有 YPO 会员问我认不认识陈玮，或者告诉我他们和陈玮去了哪里，陈玮的名字响遍全球。

就在我们都期待着下次和陈玮在哪里相聚时，噩耗传来。从此我失去了一位挚友、伙伴和搭档，YPO 失去一位闪光的领导者，中国也失去一位立志并有能力将世界和中国紧密联系在一起的企业家。我偶尔还会在梦中见到他，他脸上还是带着他独有的阳光迷人的笑容。我知道陈玮其实没有离开我们，他化成了一种精神与我们同在，一种不畏艰难，勇往向前，爱国爱家爱朋友的精神！他一直就在我们身边保佑和鼓励着每一位爱他的人，我为有陈玮这样的朋友感到荣幸和自豪。

作者简介 徐凡，威瑞投资顾问公司 CEO、宝美奇（中国）公司 CEO。世界青年总裁协会北京分会的发起人，也是 YPO 中国商会前会长和全球活动管理委员会前委员。

登上 13000 尺 Telluride 顶峰（1）

在巴塞罗那拜访 Verne Harnish（1）

在巴塞罗那拜访 Verne Harnish（2）

登上 13000 尺 Telluride 顶峰（2）

与梁邵鹏、赵雷、邱腾熙和陈理南极行

与梁邵鹏、赵雷、邱腾熙和陈理南极皮划艇之旅

和南极的企鹅（1）

和南极的企鹅（2）

陈玮与家人好友征服非洲 5895 米乞力马扎罗山

陈玮与好汉石碑合影

和梁邵鹏每次相遇都有说不完的话

参加世界青年总裁组织（YPO）中国峰会

▶ 2013 西安蒲城中国国际通航大会“天龙特技飞行表演队”（1）

▶ 2013 西安蒲城中国国际通航大会“天龙特技飞行表演队”（2）

▶ 2013 西安蒲城中国国际通航大会“天龙特技飞行表演队”（4）

▶ 2013 西安蒲城中国国际通航大会“天龙特技飞行表演队”（3）

▶ 和好友在阿富汗

▶ 参加世界青年总裁组织（YPO）在哈佛举办的活动

➤ 2017年4月9日，在西雅图与张家卫教授、蔼闻、李胜斌、梁邵鹏见证美丽都高端公寓项目封顶仪式

➤ 李胜斌、张家卫、梁邵鹏、范雁佳与陈玮合影

➤ 参加世界青年总裁组织（YPO）在哈佛举办的活动

图片编辑 / 赵倩

PART 3

追求卓越：用苍鹰的视角俯瞰大地

综　述

追求卓越：用苍鹰的视角俯瞰大地

张家卫

像太阳一样，陈玮在东方长大，在全球范围内追逐挑战并且最终在西方落山。

——Verne Harnish

陈玮，1971 年 5 月出生，湖南长沙人，是明德中学和中南大学铁道学院的毕业生。1995 年他赴美国孟菲斯大学留学，攻读 MBA 学位，毕业后创办商翔实业公司，开始了他不断挑战自己，追求卓越的一生。

我曾经与他有过一次彻夜长谈，长谈的主题之一便是关于“卓越”的诠释。他向我推荐了两位作者，一位是科林斯（*Jim Collins*），另一位是维恩·哈尼什（*Verne Harnish*）。前者的著作是《从优秀到卓越》（*Good to Great*）、《基业长青》（*Build To Last*）和《选择卓越》（*Great By Choice*）；后者的著作是《掌握洛克菲勒的习惯》（*Mastering Rockefeller Habits*）。两位作者后来都成了陈玮的朋友，陈玮将他们认作自己的老师。

实事求是地讲，就我个人而言，我并不认为“追求卓越”的“野心”是一个人必备的品质，因此我与他的追求存在一定的差异。但是，他耐心地与我讲述了美国社会的生态法则，即美国是一个依靠“实力”建立起来的现代国家，崇尚

“赢者通吃”的丛林法则。因此，作为中国移民，如果不能突破优秀，仅仅满足于“融入”，不是一个成功的人生。只有突破优秀，代之以卓越示人，以“进入”的姿态与美国社会共舞，才会将自己的才能尽情地发挥，赢得美国人的真正认可。

陈玮最喜欢的电影之一是《阿甘正传》，还有一部是《当幸福来敲门》。他说这是对他产生过深刻影响的两部电影，诠释了平凡人们勇于追逐梦想不甘落后的拼搏精神，以及追求卓越的信念和坚持。

陈玮以“追求卓越”的信念赢得了华人朋友圈的拥抱，也赢得了美国人的高度认可。

当陈玮飞机失事罹难的消息出来之后，世界立即震惊了，众多中英文媒体竞相报道，表达哀念。灵柩告别日，美国全国广播公司（NBC）新闻直播陈玮的葬礼。来自美国、中国、加拿大、东南亚、欧洲、非洲等世界各地的朋友粉丝们痛心疾首，各地的追思纪念活动持续不断。陈玮的母校孟菲斯大学事发当晚发布通告：失去杰出校友陈玮是孟菲斯大学的巨大损失，也是孟菲斯这座城市无可估量的损失。

《掌握洛克菲勒的习惯》（*Mastering Rockefeller Habits*）的作者维恩·哈尼什先生出席了陈玮的葬礼。他说：

他一直在追求卓越完美，不停地寻找下一个让人“胆战心惊”的目标。随着他越来越多地融入商业世界，他的新课题是开始在中美私营企业主之间搭建桥梁。他是独一无二的有资格做到这一点的人。他可以是一个地道的西方人，同时他也可以是一个地道的东方人，他的性格丰富多彩，就像一块调色板，这使他在两种文化中游刃有余。

陈玮的离世，让中国人和美国人以及世界各地知道他的人扼腕叹息，“天妒英才”成为当时最多、最痛心的一个描述。美国众议院议员罗伯特·皮廷格先生将曾经在华盛顿众议院大楼上空飘扬的美国国旗送给陈玮的父母亲，中国侨联、中国驻美国大使馆等纷纷发来唁电，以示哀悼。

陈玮是一个普通人，却活出了人生卓越的高度。

一个只属于云端的男人

颜冬青

陈玮渴望速度与激情，渴望时刻超越自我，渴望用自己的方式光宗耀祖，渴望用自己的身体力行去影响和感染身边的每一个人，带给他们有益的启迪和思考。他是一个习惯用苍鹰的视角俯瞰大地的人，很多人究其一生也达不到他的见多识广和事业辉煌。

我曾经用5年时间，深入采访陈玮，尽力书写他的优秀事迹和环球飞行的壮举，渴望能将他细腻的内心世界和辉煌的身影从字里行间无限延伸出去，直至搬上大荧幕。

然而，世事难料，陈玮在壮年时期的某天以如此突然的方式离开，没有来得及道别。以至面对这个黑暗的时刻，竟然要写一篇关于他的祭文，真不知该从何处下笔了。

在书中认识的陈玮

陈玮的身上有很多光环和耀眼的荣誉头衔——

有些人熟悉他，是从他的商翔企业开始的，他是一位优秀的创业者，攻读完孟菲斯大学的MBA之后便在美国白手起家，成功闯出了一番商业天地。

有些人熟悉他，是从世界青年总裁组织的各种活动上，他是一位具有商业领袖气质的优秀组织者和参与者，演讲富有激情，头脑富有智慧。

有些人熟悉他，则是从获得由他资助的奖学金开始的，他是一位乐善好施的爱心人士，积极投身于公益事业。

而相信更多人关注和了解陈玮，是从他那些炫酷的私人飞机和不断拍摄直播的飞行画面中开始的，那是他留给世人最多、最熟悉的身影：一个戴着飞行头盔、哈雷墨镜，身着飞行夹克，操作娴熟，飞行技艺精湛，脸上永远挂着得意扬扬笑容的飞行牛仔！

我和陈玮的初识，既没有螺旋桨的轰鸣，也没有喷气式发动机的呼啸；既没有一连串闪光灯的烁影，也没有灯红酒绿的交际场合；一切只源于一本书、一段浓浓的长沙口音普通话和一部电影。

那是2014年底，现任中国电影家协会分党组书记、驻会副主席张宏先生还在西部电影集团担任董事长的时候，拿到了陈玮的个人自传《云上八万里：中国公民首次环球飞行》，该书讲述了陈玮于2011年驾驶单引擎私人飞机历时69天实现环球飞行的壮举和自身感悟，全书详细讲述了这段人与飞机的完美搭档旅程和人与大自然的反复博弈，并穿插了很多张珍贵的纪实照片！

张宏先生读了这本书，很欣赏陈玮的胆识和勇于冒险、追逐梦想的拼搏精神，认为这是一部可以激励广大影迷，特别是青少年影迷的优秀爱国主义“中国梦”题材；主角人物充满了个性、阳刚、勤奋和积极向上的正能量；张宏先生认为我一直从事影视策划及文学创作，尤其擅长人物自传，对青春和冒险题材的创作比较多，经验比较丰富，这方面把握不错，于是紧急打电话让我赶到西安面谈。

当时我还在河南某大学担负教研任务，接到领导、大师兄的电话自然不敢怠慢，于是火速赶到西安。抵达西安后我和张先生充分交流沟通，一致认为这是一部优秀的励志题材，紧扣时下“中国梦”的伟大复兴主旨和加深、拓宽国际间交流的主题，且人物形象鲜明，故事跌宕起伏，情节富有戏剧张力，还不乏运动和时尚元素的画面感；然后张先生就把陈玮这部自传交给了我，反复叮嘱我仔细阅读，认真对待，并推荐陈玮的微信名片给我，让我和他好好交流沟通一番，拿出一个优秀的故事梗概出来。于是我和陈玮互加了微信，互留了电话。

离开西安返程的路上，我一直专注地阅读着陈玮的这本书，脑子里闪过一段又一段惊险炫酷的画面。对他的成长经历、赴美求学生涯、创业艰辛及环球飞行壮举有了一个较为系统全面的认识。

而对于他的形象认识，则来自书中的几张照片。照片中陈玮的个头儿比其他人高出半截，说明身高不低，而且面容俊朗，穿着洁白的飞行员制服显得帅气十足；而他出席商业活动的照片上也是西装革履，头发精心梳理，一丝不乱；活动现场也是精心布置的，一切井然有序，看得出陈玮是个做事严谨又富有生活情调的人。

我心想：这下好办了，将来这片子如果真的投拍了，根本不需要找什么主演，让他本人本色出演就好了嘛，不但省了一笔片酬，说不定一个跨界的明星也就此横空出世了。

在声音中认识的陈玮

再后来，我和陈玮时常在微信里嘘寒问暖。

我喜欢发文字，而陈玮比较忙，所以喜欢发语音留言，通过话筒传来的声音里有浓浓的长沙口音，而且他说话节奏快，经常像机关枪一样突突突的把想法一口气直接讲完了；有时候第一遍留言发完之后怕我听不清，他又会放慢节奏刻意压着用标准发音再说一遍。

聊得久了，互相就没了陌生感，渐渐没了那些文绉绉的客套话，聊的轻松话题也多了起来，我们时常会互开玩笑。

我说你这身材、这相貌、这幽默感、这情商，去当私人飞机驾驶员有点亏了，干脆改行投资做影视吧，自己当明星，我来给你做经纪人，让你完全释放自己的天性！

陈玮说，他也是这么想的，还说湖南台的主持人录完节目之后不让他走，非要让他留下来当主持人不可！

我对此根本不信，调侃说，你这口音会导致收视率直线下降吧？

可他说不会，他说他会拉拢观众呢，谁给我鼓掌多，我就让他免费坐飞机，说不定以后自己就是湖南卫视的当红一哥呢！

然后我们就哈哈大笑起来。

已经很久没有人可以把牛皮吹得这么清新脱俗而且信誓旦旦了。

笑归笑，陈玮在他家乡湖南是很有知名度和影响力的，后来我还专门从网上找出他参加湖南卫视《快乐大本营》的那一期节目视频，认真看了一遍。他在台上真的不怯场，跟主持人一问一答搭得挺好的，很能压得住台面，用当时流行的话叫“完全 hold 住”！我还问他“长沙塑料二厂”究竟是个什么梗？他就不说话了，而是发来了一连串调皮鬼笑的表情，引发了我巨大的好奇。

面对面认识的陈玮

时间转眼到了 2016 年 4 月，张宏先生已经赴北京到中国影协上任了。他和陈玮看过我提交的故事梗概之后感觉不错，就约我到北京和陈玮见面，当时同为 YPO 组织的优秀青年企业家、西北老乡王慧英女士也恰好在北京国际会议中心开会，于是我们四人相约在一起座谈聊天。

那天陈玮先从深圳飞到北京，他的飞机比我提前一个多小时落地，于是就在机场等我。我下飞机后到停车场就看到陈玮远远地向我招手打招呼——他经常看我的朋友圈，知道我长什么样、有什么爱好。

记忆里的陈玮身高有一米八几，身材高大魁梧敦实，比照片里更胖一些，时常面带爽朗的笑容。

我们一同坐车赶去会议中心的路上就闲聊，聊到他曾经驾驶自己的飞机在首都国际机场降落，实现了中国通航史上的一个突破。

怕我对此没有概念，他又专门让司机掉头重新开回到机场，然后我们走到首都国际机场航站楼旁边的高处过道上，他用手指给我看当年降落的方向和位置，又详细讲了一遍当时的过程。

他的记忆很清晰：凌晨3点从西安起飞，赶在早上8点之前要降落到首都国际机场，当时的浓雾弥漫，前后遇到了不少困难。当时的时间掐控、航速、方位、风向、跟塔台怎么沟通，跟地面怎么协调他都历历在目。

后来我们在路上聊到电影《阿甘正传》，他说这是对他产生过深刻影响的一部优秀电影，诠释了勇于追逐梦想不甘落后的拼搏精神。

陈玮说起该电影中的一些经典镜头来如数家珍，滔滔不绝，而且很有个人见解。他说他身上就有阿甘的影子，对此我很认同，觉得里里外外都像！

会面午餐吃饭的间隙，他会突然放下筷子从手提包里拿出一个小日记本，然后记录我们三位说的一些话。他很爱学习，善于独立思考，喜欢随时记录，也很喜欢较真，而且乐于虚心请教。

与陈玮纸上谈“飞”

北京见面并分别之后，陈玮回了美国，临走时我赠送了几本自己的文学作品给他作为纪念。

其中有一本是我参加越野穿越活动和攀爬雪山的影集。我也是一个爱冒险、喜欢挑战极限的人，曾经大冬天单人单车进入西藏、四川、甘肃、青海四省完成了上万里的高海拔穿越，经常风餐露宿，披星沐雪；时常在无人区逗留，身边只有藏区的野狗和孤独的影子陪伴，但我毫无畏惧。

这些相同的兴趣爱好和性格特点也是我和陈玮之间能在短时间内建立高度信任的基础。

陈玮曾经很坦率地问我怎么样才能写好他的故事，他认为其他方面没有问题，唯独有一点是我没有飞行经验，不懂航空知识和术语，而飞行中需要掌握和了解很多专业术语和操作规程，才能把飞行写好、拍好。这一点我深深认同，于是我们相约有时间就多探讨一些航空知识。

那一段时间我翻阅查看了很多航空书籍和飞行视频，我们之间聊的也都是些什么仰角、姿态、航迹、气象、尾旋、失速、改出、推拉等的专业术语。

后来我们还约定，他会借着回中国参加航展的机会来我的老家青海省飞行一次，到时候我可以坐他的飞机体验飞行，而且这个事儿真的提到日程上了，我开始着手了解申请青海空域的细节和最佳的飞机时间、航线以及就近的机场情况，而他在考虑小型飞机到高海拔地区起飞需要进行什么特殊改装、地勤需要做哪些准备等。

那段时间我们还聊到电影《萨利机长》，该片讲述美国民航飞机驾驶员萨利遇到空中险情，驾驶客机紧急迫降到哈德逊河，成功拯救了全体机组人员的真实故事。陈玮很佩服萨利的机智勇敢，他希望将来自己的片子能够借鉴本片的一些技巧，他还从飞行专业角度向我讲述了一些水上迫降的可操行性。

之后我继续完善剧本，而他也在自己的飞机上加装了高速迷你摄像机，拍了很多飞行素材。其间还收购了退役的战斗机，时常去参加飞来者大会的各种活动。

我常看陈玮发的一些唯美视频，有飞行，有轰鸣，也有美食、音乐节、海滩、潜水、落日、余晖。这期间剧本大概又修改了六七次之多，根据陈玮的意见已经成形了。他觉得没问题了，只是涉及个人中学时代的一段叙述需要再斟酌一下，让我把本子发到他的邮箱之后等消息。

后来他是各种忙，各种飞，我也是各种忙，联系的就少了点，但依然彼此关注着各自朋友圈的动态，时不时会在评论里互动。

就看见他全世界各地跑，一会儿在非洲，一会儿在中东，一会儿在南极，一会儿又在巴拿马晒潜水照。

留在朋友圈里的陈玮

再后来就突然得到了陈玮出事的消息，说他晚上回家的时候和几位同事一起坐自己的小型公务机起飞，起飞没多久就坠毁了；还说有人目睹他为了避开居民区，竭力将飞机驶向了一座无人的足球场。

听到陈玮出事的消息，我很震惊，因为三四天之前还看到他在朋友圈里发四机编队飞行的视频，我还留言点赞了，画面是那样炫酷，可没想到这一次竟是永别。

那天晚上，我发了几张陈玮的个人照片和飞行照片，郑重编辑了一条朋友圈纪念他，全文如下：

人生无常啊，11 月份陈兄您在伊拉克阿富汗，我还说要注意安全，你说没事，请了安全人员，随身带着 AK47。夏天看你在非洲攀登乞力马扎罗山，我们还聊到海明威，聊到我登过的雪山。前天还看见你们四机编队翱翔蓝天……怎么这会儿人就不在了呢？

还记着我们几人在北京吃饭，你一个劲儿的解释什么是长沙话中的“霸蛮”，你会不时地在日记本上记录我和王总说的话，很专注地埋头写着，连饭也顾不上吃，像极了一个虎头虎脑的小学生和邻家大男孩。

也记不得多少次大半夜里被你的越洋电话给吵醒，我睡眼蒙眬地坐起身来，裹着被子坐在床上听着你说着自己剧本里最新的想法，你说起来没完没了，而我又无可奈何。许久之后，你才会问：你那边现在是几点？而我看着窗边已经初升的太阳，早已经无力回答了。

我朋友圈里发送的青海门源的万亩油菜花海曾经深深惊艳了你，你说你去过全球很多地方，但没有见过这么大一片纯净的花海，将来一定要来飞一次青海湖、门源和祁连，亲眼看一看万亩花海的气势和美艳。我当时觉得这对你来说都不能算是个“愿望”，只需要随便动个手指就能实现的。对你来说，任何梦想都能实现！

你是花了 69 天独自开着飞机绕着地球飞了一圈的人；你是在冰岛的火山灰里都敢起飞的飞行牛仔；你是在北大西洋上空独自无聊发过呆的人，发呆的时候，你最想念母亲做的湖南口味辣椒萝卜。你是在越南遇到惊险雷暴并安然降落的人；你说看到闪电的时候，眼前的一幕幕都幻化成少年时的情景……有家乡的老院，有儿时的玩伴，有你刻苦读书时为了驱暑泡过脚的水桶、用过的蚊帐，有曾经打过的架、扔过的砖头、挑逗过的女生……

五年相识，缘分一场！我会永远保留您的微信号！

我相信陈玮一直在云端快乐地飞翔着，只是以我们看不见的方式。这是一个只属于云端的男人！他渴望速度与激情，渴望时刻超越自我，渴望用自己的方式光宗耀祖，渴望用自己的身体力行去影响和感染身边的每一个人，带给他们有益的启迪和思考。他是一个习惯用苍鹰的视角俯瞰大地的人，很多人究其一生也达不到他的见多识广和事业辉煌。

很多人到老来疾病缠身，只能在病床上喃喃自语，后悔曾经有时间、有精力、有财力时没有做过这个，也没有做过那个；可是陈玮不用考虑这些。因为他已经用自己的方式彻底融入了云端，时刻快乐飞翔着，时刻从高处观望着父母、妻儿家小和亲朋好友。

陈玮活在人们的羡慕和追忆中，他是生命虽然定格在 47 岁，可是他人生的 17155 天没有一天是在平凡中虚度的。他留下的一段段影像、视频都是不凡的拼搏佳话。这些我们不应视之为伤感，反而是一笔无形的可以继承和光大的财富！这些故事多年以后依旧会流传，届时会有很多个“陈玮”在各个领域不断脱颖而出，续写他未尽的辉煌和属于他们各自的快乐飞翔。

犹记得陈玮曾说过，他最大的快乐是母亲能够坐在旁边当他的副驾驶，娘儿俩能在空中自拍；他能带着父亲这个“老八路”在敌后上空盘旋；他能陪着同学发小坐上战斗机呼啸，在空中回忆骑着单车在橘子洲头闲逛的岁月；又或者陪父母在 4 万英尺高空看月圆。还能有时间陪着妻小弹钢琴、聊聊天，大家其乐融融地一起唱《刘海砍樵》。他上天下海无所不能，周游世界也曾快活自在；该去的地方都去了，该看的也都看了，该玩的也都玩了，该爱的也都爱了；虽然从来忙忙碌碌，走时也是行色匆匆，可天伦之享亦不曾错过。人生如此，也无遗憾！

而此时此刻，我只想说：嗨！老兄，一年不见了，这次环太阳飞行好玩吗？你这次飞得有点远啊！遇到日冕风暴没有？怕不怕？云端有什么好的故事吗？记得 @ 我。

作者简介 颜冬青，作家、高校客座教授；从事文艺创作多年，已出版文学作品多部，发表各类文章多篇；参与创作影视作品、纪录片、专题片多部，指导策划导演多次大型文艺活动及演出。系中国电影家协会会员、中国电影文学学会会员、青海省作家协会会员，中国文联文艺研修院中青二期高级研修班学员，中国电影文学论坛剧作家成员；第 26 届中国金鸡百花电影节特邀嘉宾，闭幕式红毯嘉宾。

一个罕见的成功企业家的背后

维恩·哈尼什（Verne Harnish）
译者：王莹

陈玮一直在追求卓越完美，不停地寻找下一个让人“胆战心惊”的目标。他可以是一个地道的西方人，同时他也可以是一个地道的东方人，他的性格丰富多彩，就像一块调色板，这使他在两种文化中游刃有余。

我以万分沉重的心情参加我们亲爱朋友陈玮的美好的追思会。

伊莎贝尔，非常感谢你邀请我，因为让我回忆并与你分享他诸多的商业成就也是一种巨大的快乐。陈玮在市场上是一位成功的企业家，是他周围敬仰他的人的公仆和领袖，是一个狂热的学习爱好者，喜欢与他人分享他商业上的智慧。

陈玮的创业之旅始于他从孟菲斯大学毕业的第一天，因为有强烈使命感的他从不浪费一分一秒。你们想象一下，这个年轻的小伙子，手里拿着一本电话簿，真的给每一个素不相识的商业客户打电话，问他们：“你们需要从中国进口什么东西？”有一天，某人说他们需要“脚手架”，陈玮当时甚至还不知道用英语怎么拼写这个单词，当然也不会知道这是什么东西，（我们几个现在回忆此事时还禁不住开心地笑），但是陈玮无所畏惧！他一定要弄清什么是“脚手架”，当然他很快就弄清了！

后来，手持着毕业后得到的一张信用卡，带着他永恒的灿烂笑容，陈玮在1998年的8月份建立了他的公司，然后凭着他的意志、勇气和决心，在短短的10年时间里，他将商翔公司从单枪匹马的个人公司转变为一家拥有400名员工的多个地点的全球性企业。

现在我跟大家说点客观数字：76%的创业者做了一辈子，公司里也只有他一个人，其中许多公司还是人浮于事。陈玮很喜欢我经常分享这一点，我现在还可以听到他听我说这些话时开心的笑声。这就是为什么我们说陈玮真的是一位罕见的成功企业家之一！只有0.1%的公司达到了陈玮和他的团队所取得的规模——成为StepUp脚手架行业中最大的进口商和制造商之一，并且是在美国品牌之下最大的中国叉车进口商。这些成就，使他在这么年轻的时候就有资格成为世界顶级精英的首席执行官组织——“青年总裁组织”的成员。

他是怎么做到的？

陈玮用令人难以置信的热情来建立能够实现目标的团队，他以一套共同核心价值为基础建立企业文化。追求乐趣、信任、激情、自律、公平、团队精神以及专注于推动结果，并且在每个季度都奖励那些体现这些价值观的员工。

陈玮除了喜欢跟人打交道之外，他也是那种罕见的痴迷于过程的领导者之一。有人跟我分享了陈玮在展示亚特兰大的运营情况时，他可以指出他正在寻求改进的细节。

他一直在追求卓越完美，不停地寻找下一个让人“胆战心惊”的目标。随着他越来越多地融入商业世界，他的新课题是开始在中美私营企业主之间搭建桥梁。你知道，他是独一无二的有资格做到这一点的人。他可以是一个地道的西方人，同时他也可以是一个地道的东方人，他的性格丰富多彩，就像一块调色板，这使他在两种文化中游刃有余。

正是出于他将人们聚集在一起创造惊人机会的欲望和感召力，让他不顾一切地想以一名中国公民的身份，推出了一个叫“太平洋联合银行”的美国银行，虽然后来撤回申请，使他在现实世界的政治中付出了昂贵的学费，但陈玮作为一个非常有耐心的人，愿意玩长远的游戏，等待事情自行解决。

试图建立银行这一大胆举措，为他打开了一些资本市场的关系，使他能够转向。在2016年6月，阳光资本将中国资本与美国的机会联络成一体。在整个过程中，陈玮一直保持着狂热的学习热情，并且领导和鼓励他周围的人不断学习。迈克尔可以以亲身体验来谈论陈玮是怎样在他公司内部注重学习的。我非常荣幸有机会在和他在世界各地出差时，与其他企业一起共同学习。在许多聚会中，我们经常共同敬酒。在今天这个特殊的聚会中，我们再一次祝酒，这次就是为了你，陈玮，我最亲爱的朋友，这是献给你的……

人的一生不是以我们呼吸的次数来衡量的，而是以那些让我们屏息惊叹的精彩瞬间来衡量的。陈玮可能只活到47岁，但他为自己和我们这些有幸成为他广阔人生一部分的所有人带来了150年的绚烂时刻。他是志向高远喜欢追求梦想的人。

顺便说一下，您可能也已经注意到了，正如许多其他人提到的那样，他的所有公司名字里都含有太阳这个词。像太阳一样，陈玮在东方长大，在全球范围内追逐挑战并且最终在西方落下。

作为陈玮的老师之一，我是多么荣幸能够看着这位乐观的企业家在商业职场中建立了良好的关系。一个老师想要看到的就是培养出一个优秀的学生。陈玮，你不但是最好的学生，而且是最有趣的！

我非常想念你，我的朋友！

我双手合十，向你鞠躬！

（备注：本文为Verne Harnish老师在陈玮葬礼上的讲话。）

作者简介 维恩 · 哈尼什（Verne Harnish），享誉全球的企业家组织（EO）的创始人，在全球拥有14000多名成员，并担任EO首席执行官计划（在麻省理工学院举行的“巨人的诞生”）长达15年之久，至今仍在教授该计划。畅销书《掌握洛克菲勒习惯》的作者，该书被翻译成9种语言。他的另一著作《向上扩展》（洛克菲勒习惯2.0版）获得了8项主要的国际图书奖项，其中包括享有声望的国际最佳商业书籍奖。Verne还与彭博社（Bloomberg）共同主持年度Scale Up峰会，并在多个全球企业董事会任职，百万美元妇女运动的董事会成员。Verne还是许多规模化生产的私人投资者，国际魔术师兄弟会的持卡会员，他还非常喜欢钢琴、网球和魔术。

译者简介 王莹（Wang-Ying Glasgow），从上海外国语大学英语系本科毕业之后留校英语系任教。1993年从美国南卡罗来纳州大学的图书信息管理系硕士毕业。自1994年起至今的26年中在田纳西州孟菲斯城的公共图书馆系统担任专业图书管理员、分馆经理、部门主管等不同职务，目前管理图书馆系统的成人服务。在过去的10年中创建组织了Bookstock，孟菲斯地区的年度作家节。王莹长期组织参与孟菲斯主流社会多元文化和非营利性机构的公益活动。曾经担任孟菲斯华人联合会的主席，热心服务于华人社区，为华人融入美国主流社会服务。王莹也是中英文口译人员，有长期的法律、医学方面翻译的经验。业余时间，王莹是一名网球、舞蹈爱好者。

从雪山到南极

梁邵鹏

你看，只要坚持，没有什么是不可能的，今天这个手机埋在雪里都能找到，以后我们也没有克服不了的困难。

——陈玮

我与陈玮相识于2015年底，他风尘仆仆地来到温哥华参加一个活动，有幸相识并赠书给我。此后我们成为好友，也成为事业合作伙伴。

与陈玮在短短四年的交往中，几件事情深深刻在我的脑海中……

不服输背后的刻苦努力与勤奋

我与陈玮同样喜爱滑雪，2016年和2018年我们两次相约前往滑雪胜地Whistler游玩。

斯情斯景至今回想起来仍是美好：白天上山滑雪，晚上把酒言欢，好不惬意！

这第一次滑雪出行其实距我和陈玮相识并不久，一起游玩时也感觉他的滑雪技能明显不如我，我心中暗暗有一丝得意。我们一起翻山越岭，一众好友在雪山中嬉戏游玩。现今回忆真是人生中难得的一段快乐时光。

两年后，陈玮又一次来到温哥华，那时我与陈玮已非常熟识，我们再次一同相约前往 Whistler 滑雪。这一次陈玮让我刮目相看，短短隔了一个雪季之后，陈玮的滑雪技能突飞猛进。我带他前山后山、丛林黑道走了个遍，他始终紧紧跟随身后没能拉开距离，这也让我暗暗吃惊，除了佩服他具备优秀的运动天赋，也深知他在过去的两年里一定有不少次的训练和锻炼，当时也就明白了他这种不服输的性格同样支撑着他背后不断地刻苦努力与勤奋。

在与他的第二次 Whistler 之行中有一个插曲，更让我深刻地见识到他性格中锲而不舍的精神。

他的手机在一次摔倒中丢失了，他用我的手机登录 App 寻找手机功能，准确地定位了丢失手机位置。但茫茫银色大山，这个定位距离误差足以让我们望而却步。经过了短暂休息，陈玮与我一起脱去雪具逆行向上爬山寻找，这简直是对体力的极限考验。

我大约在半小时后就累得躺倒雪中无法动弹。我劝他说："要不算了吧，不太可能找到，下午天色逐渐变暗，雪山也就要关闭了。"

陈玮坚持向山上行进，终于在雪山关闭前找到了已经埋在薄雪中的手机，他为自己不会丢失重要电话等数据而开心。

下山的路上他说："你看，只要坚持，没有什么是不可能的，今天这个手机埋在雪里都能找到，以后我们也没有克服不了的困难。"现今这句话时常回响在我的脑海里。

向南，向难

另一件事发生在 2017 年初，我与陈玮一行五人到南极旅行。

这是一次终生难忘的行程。

我们在美国达拉斯会合后一路向南飞到智利首都圣地亚哥，在飞机上恰好是情人节，我们五个大老爷们儿在飞机上共同度过了一个空中的节日，当时还开心地合影留念。

从智利最南端的城市 Punta Arenas 驾私人飞机到南极乔治王岛空中飞行时间

约为 2 小时。在飞行中陈玮提到此次恰逢同行好友小邱的生日，并为我们每人准备了一张贺卡写下祝福送给小邱。这件事让我更加理解陈玮是一个性格中粗中有细、重情重义的人。

在南极的几个日日夜夜里，我们每天生活游玩在一起。这种高纬度地区的极限旅行，显而易见地会遇到很多突发情况，期间陈玮都充分表现出了他强烈的责任感和解决问题的能力。

在旅程中我们共同冒险、共同享受，更加增进了彼此之间的感情和友谊。返回智利的路上陈玮又在策划他的下一次乞力马扎罗登顶之旅了。

我又一次问陈玮，每年这么多次的私人驾驶飞行，包括战斗机飞行的挑战，还有那些旅行冒险，你能分清哪些是生活，哪些是工作，哪些是个人爱好，哪些是商业和事业挑战吗？陈玮答：工作和事业都是为生活服务的，要享受生活，在享受生活之余兼顾事业。

我说：这很难！还是做一些商业挑战更容易些。

陈玮说：说难也不难，首先做到生活有趣。

我沉默了一下劝他说：你还是要减少一些冒险和挑战的活动，我们在洛杉矶开展一系列商业项目合作，虽然这是你这个董事长的私人活动，但风险系数也是每个投资人的考量因素。

陈玮点了点头没说什么。

虽然后来陈玮并没有明显减少他的一些高风险系数的私人活动，但我们同时仍愉快地推进我们的商业合作项目。实话实说，在随后的一段时间中我也确实是不完全能理解陈玮的选择，直到 2018 年 12 月那个噩耗传来。

我是 2018 年 10 月与陈玮在洛杉矶最后一次相见。

随后陈玮约我去美国滑雪我未能赴约。没想到 10 月的那次相见就成了永别。

2019 年 1 月，我与好友一同赴孟菲斯参加陈玮的告别仪式，也是送别了陈玮的最后一程。内心非常悲伤，感觉这是我与他在生活中最后一次在心灵上的信息交换。

告别会上，在座的国会议员、地产大亨、银行高管都曾经是我梦想在事业上挑战的对象。现在想或许也是我去美国挑战一辈子也无法企及的事业高度。而这些人都为陈玮散发的魅力所折服，看似无用之用，方为大用！这一刻我仿佛突然明白了陈玮的选择——他用一条属于自己独特的飞翔之路达到了我们人生难以企及的高度。

听着每一位挚友对陈玮的深切缅怀发言，我心中也默默祈祷他在天堂继续快乐飞翔……

作者简介 梁邵鹏，15 年国内信托公司及证券公司从业及管理经历。2012 年旅居加拿大，作为职业投资人与陈玮合作开发洛杉矶的地产项目，美国阳光资本合伙人，松水资本董事。

哥哥教我从优秀到卓越

陈 玮（女）

面对生死，陈玮思考的是：对外，要好好帮助那些渴望生命的绝症儿童；对内，要追求自己精彩的人生梦想！这像在我生命当中闪过的一道光，照亮了我前行的路！如何活出自己生命的精彩，如何帮助更多需要帮助的人，陈玮无疑是我最好的榜样！

当陈玮遇见陈玮

“我的思念是不可触摸的网，我的思念不再是决堤的海……”

陈玮大哥，每当这首充满思念忧伤的旋律在耳旁响起，我就禁不住浮想起和您第一次相识，在您洛杉矶家里卡拉 OK，对唱这首《心雨》的情景。

“陈玮，这就是和您同名同姓的陈玮，我的小妹妹，在这边做肿瘤医生。”我的大姐——熊猫姐姐就这样介绍我们认识了。

陈玮大哥，您就像和我熟识多年的兄长，上来就给了我一个热情的拥抱，让我对您这位大名鼎鼎的中国环球飞行第一人因敬畏产生的距离感一下子消失殆尽。您唱歌时似乎受过专业训练的洪亮嗓音，让我对您佩服有加。

陈玮大哥，还记得唱完卡拉 OK 之后咱们不小心聊到的那个沉重话题吗？

在您得知我主要从事血液肿瘤的治疗后，问我是否知道圣强德儿童研究医院

（St Jude Children's Research Hospital）？我当然知道这所享誉国际的著名儿童医院，该医院是首家，也是唯一专门服务于儿童的美国国家癌症研究所（NCI）指定的综合性癌症中心，治疗了美国和全球各地的儿童肿瘤，特别是白血病患者，其总体存活率接近80%。

聊到了我的工作和病人，我突然伤感起来。前不久我刚刚送走了一位和我同龄的女病人，她跟我一样也有两个未成年的女儿，一个月前她悄悄哀求我能否想办法让她再多活三个月，好给女儿最后举办一次生日party，我尽了最大努力还是没能夙这位年轻妈妈的心愿，心中充满愧疚与挫折，破例去参加了她的葬礼，看到她的两个可爱的女儿，整个一上午都止不住眼中的泪水。

听了我悲伤的故事，您不停地安慰我，也特别谈到了您探访那些身患绝症孩子们后的内心感触。您说，生死问题虽然沉重，但这是每个人都会面临的一道必答题！

每次探望过癌症儿童，从眼神交流中就能体会到他们对生的强烈渴望和对未来美好生活的无比向往。

比起他们，有的甚至出生不久就要面临死亡考验的儿童，我们是多么的幸运而又常常身在福中不知福啊。而这些早早就要面对生死的孩子们也让您在不停地思考生命的意义以及如何度过自己的一生。

面对生死更要活出精彩

陈玮大哥，您特别和我分享了那句您非常喜欢的名言：“如果知道自己不会失败，你将尝试做什么？”

你的思考是：对外，要好好帮助那些渴望生命的绝症儿童；对内，要追求自己精彩的人生梦想！您就是带着更好地帮助圣强德儿童研究医院那些儿童的使命，带着追求自己“宏伟艰难和大胆的目标”，从孟菲斯登上了您环球飞行的索卡塔N168CW座驾。

陈玮大哥，您的精彩故事和人生思考给了我很多的开导和启发，让我渐渐想明白了困扰我很多的问题。虽然我每天仍然会面对很多经受生死考验的病人，让自己活出精彩的同时帮助更多需要帮助的人，这样的人生就不会有遗憾和失落。

感谢您陈玮大哥，那天晚上聊过的沉重话题反倒像在我生命当中闪过的一道光，照亮了我前行的路！如何活出自己生命的精彩，如何帮助更多需要帮助的人，您无疑是我最好的榜样！

优秀，才是卓越最大的敌人

陈玮大哥，自从认识您以后，知道您非常繁忙，飞来飞去，但我们仍然有多次相聚，每一次都有欢声笑语，每一次交谈都能有所收获。

陈玮大哥，还记得那次在熊猫姐姐家聚会，来了好多您的亲朋好友和商业伙伴，猫姐拿出了她的几样绝活儿，亲自下厨招待大家。

美味佳肴端上桌摆放到位后，看到漂亮桌布上散落着芬芳的玫瑰花瓣和色彩鲜艳的水果后，您不停地拍照，赞不绝口！然后把我拉到一旁悄悄说：“陈玮啊，你要好好向猫姐学习，做菜做得好只能算是优秀，还能把摆盘弄得那么漂亮，这就是卓越了，记住这句话：优秀，才是卓越最大的敌人！”

我知道您一直是著名管理学大师吉姆·柯林斯（Jim Collins）的拥趸，他的商业理论贴切而又具体地指导了您事业的成功以及顺利完成的首次环球飞行。有些事情，之所以无法做到最好，并不是如我们想象的起点低，相反，而是因已经足够好了，正是因为“足够好”，才成为一个人成长当中最大的掣肘。

陈玮大哥，感谢您这位良师益友。从那之后，我也认真拜读了柯林斯的著作《从优秀到卓越》和《选择卓越》用来指导自己的生活和事业，真是获益匪浅。

我从开始学医以来，经过多年的努力学习，克服了种种困难，终于开始了自己从小就梦想的救死扶伤的职业生涯，多少有了些小满足，而您在取得中国环球飞行第一人的殊荣之后，却不断挑战自我，设立了一个又一个新的目标，不断帮助更多的人。

我后来在医院上班治疗病人之余，也为自己设立了要当一个“治未病”的上医的新目标，渐渐成为推广大健康理念的践行者，在新的平台上获得了人生的突破，我从心底里感谢您给我的榜样力量！

陈玮大哥，我永远忘不了 2018 年 12 月 20 日那天傍晚，在听到您飞机失事的消息后我的震惊和悲伤。那天快临近圣诞节了，我送走最后几位做化疗的病人，整理完病历报告正准备离开诊所的时候，猫姐带着哭声打电话来告诉了我您不幸离开的消息。反复确认后，我哗哗流下的泪水模糊了双眼，我知道自己一时半会儿是无法开车回家了，索性回到安静的诊室关上了门放声大哭起来……

陈玮大哥，您就像自家没有血缘关系的亲兄弟一样，虽然离开我们快两年了，我们常常想念您、念叨您。我的脑海里不时闪现您最喜欢唱的《飞得更高》旋律：我要的一种生命更灿烂，我要的一片天空更蔚蓝，我知道我要的那种幸福，就在那片更高的天空，我要飞得更高，飞得更高！

泰戈尔的著名诗句“天空无痕，鸟已飞过”。陈玮大哥，我知道，您就像天使一般，飞上了那片更高更远的天空，我们虽然相识只有短短几年，您就像璀璨的流星划过我生命的天空，照亮了我未来人生之路。

陈玮大哥，我将永远怀念您！

作者简介 陈玮（女），洛杉矶血液肿瘤医师，健康心理学博士，大健康理念的推广者。

好一个有为的中国青年才俊

黎民欣

陈玮畅谈自己的理想及抱负，同时有热情、有胆识，绝非一般青年人所能及。他与我诚挚热忱的交往，也很感谢我对他的协助。他叫我叔叔，我也以他为荣。

1997 年仲夏的某个午后，在内侄的陪同下，陈玮先生来到阿拉巴马州翠华山庄我们府上拜访。

初识至今已 20 余载，那年他才 27 岁，正值他开创事业之际，往后的数年经过多次接触交往，更曾夜宿山庄，与我彻夜长谈。

陈玮一表人才，气宇轩昂，雄心壮志，热忱豪迈，真令人惊叹，好一个有为的中国青年才俊。他博览历史，特别是近代史，了解中国、美国及世界局势。他畅谈自己的理想及抱负，同时有热情、有胆识，绝非一般青年人所能及。

当时我代理台湾世大电机董事长，在北京与中远集团及铁道部协商冷冻货柜运输的合作；在深圳市协助代理西屋及奇异二公司在蛇口新区建盖电厂；同时也和武汉大学、湖北省科委在武汉成立汉美生物工程公司，生产药品及保健品；在台湾和台北医学院及医院群，研发中西医结合对癌症化疗的辅助医疗及中药的开发；以及我们在美国一直以来所推展的中西医结合医药事业。

很多业务陈玮也都有兴趣讨论或有意参与，他也曾与中国驻休斯敦领馆的文化及经济两位参事，一起商讨中美经贸合作等事宜。

后来我介绍我的老友、西北航空公司七四七资深机长 Captain Dennis Landry，协助他实现世界华人首飞壮举。

我曾是阿州货物农产品大使及州长代表，曾介绍陈玮先生结识许多美国以及中国的朋友，这些对他的事业都有所助益。他很感谢与我诚挚热忱的交往和我对他的协助，他叫我叔叔，我也以他为荣。

如今当他事业正在兴隆发展的盛年，而不幸失事陨落，令人万般惋惜悲痛！

回顾往昔，更不禁感叹苍天不仁，痛失英才！尤其是我们华人界，更是失去了一位奋发有为的领袖 。

在此沉痛哀悼陈玮在天之灵得以安息！更殷盼陈家阖府节哀顺变，保重身体！

作者简介 黎民欣，1948 年 7 月生于湖北省通城县，台湾执照中医师，美国执照针灸中医师；香港中医研究院毕业，台湾辅仁大学毕业，美国 Auburn University 硕士，1976 年留学美国至今；行医于 Alabama &Tenn 两州越 40 年。

一个好人

Captain Ted

陈大哥的事迹，永远在我们的心中不会磨灭，而我们也会带着陈大哥的美好继续前行。

记得第一次跟陈大哥接触是在中美通用航空第一届年会上，他高大帅气，让我印象深刻。

那次年会上，我们参观了陈大哥的机库，随行人员都赞不绝口，作为华人远在他国有自己的飞机和机库，实属不易。

后来真是缘分，在一次西来寺法会上，正好陈妈妈就站在我前面，因为在陈大哥朋友圈里看到过陈妈妈的照片，我就认出她来，两人聊得投缘，机缘巧合下又再次见到陈大哥。

印象最深的是，跟陈大哥去 Reno airshow 飞编队，那是我第一次接触到喷气战斗机，在飞行展会和编队飞行方面收益良多。陈大哥为人谦逊，做事胆大心细而且沉稳，这些也都于我有益。

第一次听闻大哥出事是从朋友口中，大家都无法相信。我自己也是难过了很久很久，过了大约半年才缓过来。因为之前陈大哥比较繁忙，我们见面机会就很少，自从出这个事之后，其实我觉得陈大哥是去忙别的事了。

陈大哥的事迹，永远在我们的心中不会磨灭，而我们也会带着陈大哥的美好继续前行。很久很久以前，有一个善良真诚的大哥哥，他叫陈玮。他是一个好人。

作者简介 Captain Ted，Gothen City Airline.Inc 创始人。

昔日的好时光

李胜斌

朋友聚会的晚上常常喝酒，陈玮真是性情中人，我们喝酒每次都很高兴。他喝多了，就躺在沙发上睡着了，第二天却很早就起来，开始打电话安排公司的运营事务，又开着灰色奔驰跑车往来于洛杉矶与尔湾之间。当时，我感叹，能人就是不一样！

我跟陈玮相识的第一面就感觉非常舒服。

那是在 2015 年，在温哥华 1029 咖啡馆。

当时，张家卫教授邀请陈玮作为嘉宾来温哥华 1029 咖啡馆做客。当晚有很多 1029 咖啡馆的股东欢迎陈玮的到来，陈玮简单讲述了美国的生活经历。

他留学毕业后又创业的艰苦历程，反映了我们华人的吃苦耐劳精神，和敢于挑战的勇气。在一个没有背景、没有亲人的国度里，凭着自己的勇气，打拼成为一个知名的企业家，更为难得的是成为世界环球飞行的第一人，而且是代表我们中国的第一人，为祖国争光！

那时，在我心里，陈玮是一个细心、和善之人，聪明大气，善于交际，在公司管理中协调及布局大的方面现实合理，敢想敢干，且有勇有谋。果然，后来我们相处几年，给我留下的印象非常深刻！

当2018年12月21日，我在中国清晨的时间听到这不幸的消息，顿时蒙了，怎么会发生这种事情呢？眼泪瞬间夺眶而出，英年早逝，我们失去了一位志同道合的好兄弟、一个好儿子、一位好丈夫、一位好父亲、一个好伙伴。

优秀的子女离不开父母的教诲，佩姐是一位佛教徒，培养了一个好品德还孝顺的男子汉，真是用心良苦。回首记忆，点点滴滴记录了我们一起在温哥华带着陈玮一家，开着游艇，游览温哥华史丹利公园海湾，一起去惠斯勒滑雪，喝着58度的剑南春，第二天陈玮与梁总奔向了最高级的黑道往下滑，我的水平有限，只能在初级雪道滑，回来看到他们录制的视频，真是勇敢潇洒自如。佩服！

有一次，我们在洛杉矶熊猫姐家共度晚餐。熊猫姐亲自下厨，之前应该准备足足有两天，晚餐非常丰盛，我和朋友蔼闻、鹰熊、梁总及陈玮父母，享受了一次别致的大餐。大家吃得都很开心，记忆深刻！

2016年11月正值美国大选之日，在洛杉矶陈玮父母家聚集了很多朋友，并且根据支持的选举人特朗普和希拉里组成两队，猜谁会赢，在晚餐即将结束之时，我们还在观察计票的数量，很明显是特朗普领先。

也是那一次，陈玮跟我们沟通，想在第二年2月去南极冒险，我们同时办理了周边国家的签证，但是事与愿违我的心脏出现点状况，未能与陈玮和几个朋友一同前往南极之旅。回来只能看到他们的留影照片了，梁总还特别购买了有纪念意义的红围巾。

我有两次乘坐陈玮亲自驾驶的飞机的体验。

第一次是从温哥华机场。加中体育基金会成立之时，受基金会范雁佳主席的邀请，陈玮提前一天从美国洛杉矶开专机特意来温哥华，这是一架固特异喷气式商务飞机。第二天就约上我们几个朋友王蔼闻、张家卫教授、鹰熊等一行五人前往一个小岛屿，与1029咖啡馆36号股东相聚，亲身体验了陈玮的驾驶能力。

第二次是在美国洛杉矶，我们约了几个朋友，张家卫教授、梁总、王蔼闻一起从洛杉矶一个机场开到另一个大岛观光旅游。这次开的是陈玮环球旅行的飞机。机场跑道是建设在最高的山顶上，跑道非常短，要求驾驶飞机的技术必须成熟，才有可能起降。那次闲谈中得知，那个机场停一次飞机的费用才几十美金，美国和加拿大都是不需要提前申请航线和时间的，起降真是太方便了。

在美国洛杉矶尔湾王蔼闻家中，常常晚上喝酒，陈玮真是性情中人，我们大家喝酒，每次都很高兴。陈玮喝多了就躺在沙发上睡着了，第二天很早就起来打电话安排公司的运营事务，又开着灰色奔驰跑车往来于洛杉矶与尔湾之间。当时，我感叹，能人就是不一样，身体力行，心中有数，就像下棋，兵、帅、将都要顾全大局，缺一不可，面面俱到。

在生意方面，陈玮也是抱着合作共赢的态度，每遇到一个好的项目，就要与我们这些好朋友共同分享，详细介绍每个项目的优势及风险，做到自己承担大的风险，让投资者减少风险并有更大的把握，处处为朋友着想。

我与陈玮这几年的相处，很多细节点点滴滴能反映出他个人的价值！我深深地怀念他！

作者简介 李胜斌，艰苦奋斗，30 载历经小本经营酸甜苦辣，从事服装鞋业一步一个脚印，终于熬到了白头，从中国移民加拿大，最终也算是有了一点成就。在加拿大温哥华加入了 1029 咖啡馆，结识了很多事业成功的伙伴，也结识了很多善良的朋友。

陈玮环飞泰国站在吴炳林陪同下接受专访

陈玮的爱心播撒各地，与北京同心圆慈善基金会的仇序共同救助的白血病患儿小翘楚目前恢复良好

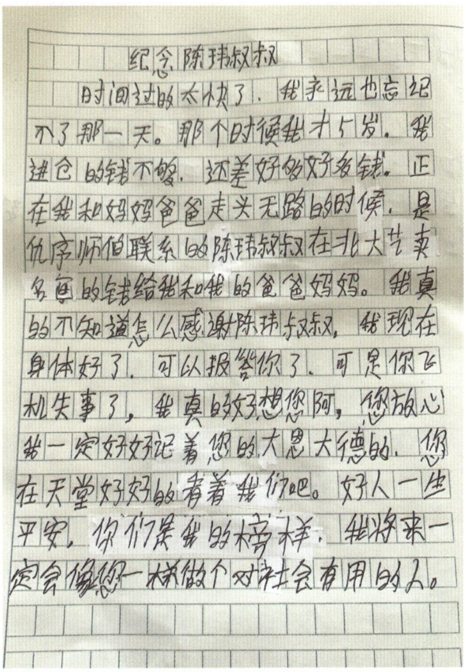

纪念陈玮叔叔

时间过的太快了，我永远也忘记不了那一天。那个时候我才5岁，我进仓的钱不够，还差好多好多钱。正在我和妈妈爸爸走头无路的时候，是仇序师伯联系的陈玮叔叔在北大艺卖多画的钱给我和我的爸爸妈妈。我真的不知道怎么感谢陈玮叔叔，我现在身体好了，可以报答你了，可是你飞机失事了，我真的好想您阿，您放心我一定好好记着您的大恩大德的，您在天堂好好的看着我们吧。好人一生平安，你们是我的榜样，我将来一定会像您一样做个对社会有用的人。

小翘楚写给陈玮的信

支持大学生“你的下个梦想是什么”演讲活动

为圣强德儿童研究医院慈善募捐

与拿到商翔奖学金 MBA 学生见面

陈玮在老挝当地学校慰问

陈玮参与飞行社区活动带大家了解美国的通航飞行文化

陈玮做客通航直播间图

陈玮讲解航空知识

陈玮的朋友圈

环飞泰国之行（1）

环飞泰国之行（2）

➤ 环飞泰国之行（3）

➤ 环飞泰国之行（4）

➤ 环飞泰国之行（5）

➤ 环球飞行的爱心传递（1）

➤ 环球飞行的爱心传递（2）

➤ 在陈玮洛杉矶的机库策划并主办的慈善活动，现场募集了 8 万多美元，作为洛杉矶橙县华人商会基金捐助给华人寒门学子

➤ 环球飞行活动（1）

➤ 环球飞行活动（2）

环飞泰国之行

希望工程爱心大使仪式

湖南卫视主持人李锐与陈玮和陈玮母亲合影

湖南卫视主持人李锐和陈玮共同飞行

陈玮参加李锐的节目

李锐与陈玮和陈玮母亲合影

陈玮和李锐最后一次合影

李锐参加孟菲斯当地活动

接受陈玮救助的孩子们乘坐陈玮驾驶的飞机

老挝当地商会祝贺陈玮环球飞行圆满成功

▶ 2019年，陈玮获得母校颁发的孟菲斯大学优秀校友称号

▶ 2019年，陈玮获得母校孟菲斯大学优秀校友称号

▶ 2019年，陈玮获得母校颁发的孟菲斯大学优秀校友，父母登台领奖

图片编辑 / 赵倩

PART 4

大爱无疆：一个都不能少

综　述
大爱无疆：一个都不能少

张家卫

每一位海外的华人都犹如一颗珍珠，在异国他乡沉淀并且发光发热，我的飞行就像一条线，将这些珍珠串联起来。

——陈玮

陈玮是一个理性，又充满感性色彩的人，他虽然生于南方，却是典型北方汉子的形象，身材高大，笑声爽朗。朋友们谈起他来，无不印象深刻于他大大的拥抱和有力的握手，谈得高兴了他会兴奋地拍拍你的肩膀，表示开心和认可。

无数人感兴趣于什么样的精神力量促使陈玮去完成环球飞行，也好奇于什么样的资源储备允许他做成这件事。他每次都是咧着嘴笑了，然后认真地说这是他儿时的梦想，他更愿意通过环球飞行串联起散落在世界各地的珍珠。他说的“珍珠”是指那些因着缘分而沿途结识的有趣的人。当然，这些“珍珠”更多指的是中国人。

陈玮的父母都是普通职工，家境并不富裕。当年他留学美国，正是依靠学校的奖学金资助才得以完成学业。他一直牢记在心这一份感恩并坚持上进，更以个人的求学经历懂得了奖学金或者助学金对于寒门学子而言是一件雪中送炭的事情。因此，当他事业有起色之后，立即在学校设置了专项奖学金，反哺母校，资助寒门学子。

他一直回馈华人社区，捐赠慈善医院和不同的慈善组织，鼓励和带动更多的朋友加入慈善捐助。陈玮走了之后，一下子冒出来不少他曾经捐助过的人的痛哭流涕，感怀他的帮助，但他的同事甚至亲人并不知晓，他竟然做了这样多慈善公益的事情。

有一次，我与陈玮交流对慈善公益的看法，他说："慈善和公益，其实就是发生在身边的事情，并非一定要做得轰轰烈烈，能够真的帮助到他人，而且用心地去做，才是慈善和公益的本来面目。"

2011 年完成的环球飞行，其实也是一次公益环飞，因为陈玮定了一个目标，要为他所在的城市——孟菲斯圣强德儿童肿瘤医院募集 25 万美元的善款，专门用于针对儿童肿瘤治疗的研究，他做到了。这只以他名字命名的基金，现在还在继续造福着儿童肿瘤病患者。

山东烟台的孩子翘楚，6 岁时被诊断为白血病，2015 年历经坎坷转院来到北京人民医院，经历了多个疗程的化疗、十几次的骨穿，终于等来了一次宝贵的骨髓移植机会，但 30 万元的移植费用，家里借遍了亲朋好友只凑到了 22 万。陈玮带着他的美国朋友参加了为翘楚定向义捐的拍卖会，陈玮不仅仅发表了让人感动的即时演讲，还带头认拍，最终为翘楚募集了 13 万多元的善款。

拍卖完成三天后，孩子如愿进仓移植，而翘楚妈妈做出了一个惊人决定：将移植款多余的 5 万多元捐给其他 3 个需要紧急治疗的孩子。筹款负责人仇序先生感到非常诧异，因为移植成功只是抗白的一半旅程。当他问翘楚妈妈为什么这样做时，她回答说："陈玮大哥飞这么远来帮助素不相识的孩子，我们帮的都是病友，谁家的孩子都是孩子，咱们一个都不能少！"

现在的北京同心圆慈善基金会，第一个儿童大病救助项目就叫作"一个都不能少"。四年来，"一个都不能少"项目已经救助亟须救命的大病儿童 150 多名，基金会更是筹款近 5000 万元，帮助了 2000 多个大病家庭。

这只是陈玮串起无数珍珠中的一颗，每一颗都闪着光芒，影响着身边相识或者不相识的无数朋友，将“爱”以一种润物无声的方式传递着、流淌着。

“大爱无疆”不是一句口号，“一个都不能少”也不是一句口号，而是无数珍珠串起来的同心圆，而陈玮正是同心圆上最亮的那一颗。

爱的同心圆，从这里出发

仇　序

在翘楚小朋友及其他100多名因为陈玮大哥的因缘被救回来的大病家庭心中，陈玮大哥“从未离去，活在心中”！

YPO里最爽朗的笑声

2013年，在YPO的一次活动中，我认识了陈玮兄，听了他的环球飞行的传奇故事，心中特别钦佩。

等到聊起来，得知他是湖南长沙人，和我是老乡，就更多了一份乡情的连接。

在YPO，各种各样成功的人很多，大多数人在商业帝国的版图上扩张。而那时候来自大陆本土YPO还比较少，也相对比较矜持。陈玮兄爽朗的笑声、亲切的面容、有力的握手、率直与精辟的发言，特别在YPO中为中国大陆会员长面子！

我当时问陈玮兄一个问题：你为什么选择要去挑战环球飞行？他告诉我，他常常问自己一个问题：如果你做什么都能成功，请问你选择做什么？于是，他就选择挑战环球飞行，因为还没有一个中国人做这件事。作为旅美华侨，他特别爱国。一直希望提升中国人在美国乃至在世界的形象。作为湖南人，他骨子里就有敢为天下先的勇气！另外，陈玮兄还告诉我，他环球飞行的另一个目的是帮助孟菲斯的一家儿童肿瘤医院筹款。当时，我也在慈济学习做公益，陈玮兄轻轻一句话，也为后来的因缘播下了种子。

请陈玮到北大演讲

2015 年初的又一次 YPO 的聚会上，我又遇到了陈玮兄，他送给我了一本《云上八万里：中国公民首次环球飞行》，讲述了他环球飞行的故事与成长中的心路历程。

当时，作为志愿者，我们正好在北京救助白血病儿童，我就希望在北大国发院安排一场演讲，请陈玮兄来与大家分享他的精彩人生，并同时为大病儿童筹款。我把这个想法告诉了陈玮兄，没想到他欣然接受，并告诉我他会在 3 月来中国。在与北大 BIMBA 校友会的老师们沟通商议后，我们确定时间是在 3 月底，陈玮兄也确认他一定来！

3 月底终于到了，我们慈善机构的伙伴们早早地等在北大国发院，还有许多看到海报，被陈玮兄环球飞行故事所吸引的北大 MBA 和 EMBA 的校友们，北大 BIMBA 的联席院长杨壮教授也提前来到了现场。

当日，我突然接到陈玮兄的信息，从上海飞北京的航班由于天气原因一直在晚点，陈玮兄要比预期时间晚到 1 个小时。杨院长就让我们先向北大的同学们介绍一下大病家庭的现状。基金会的茉馨老师娓娓道来，向大家介绍了在中国每 6 分钟就会有一个大病家庭产生，每年中国有 4 万个白血病案例产生，而 3 万个是儿童，其中超过 70% 来自农村家庭，无力承担治疗费用。这些情况在北大师生中产生了非常大的反响。

这时风尘仆仆的陈玮兄和他的两个美国合伙人到了。我们的正式分享会开始了！陈玮兄先特别真诚地向大家道歉（虽然是不可抗力，我们本来是晚上 7 点的演讲，陈玮兄原定的中午 1 点的航班时间应该绰绰有余，却因为天气原因一直取消）这个小小的举动，也让我们学习到了陈玮兄的谦卑与对他人的尊重。

传递爱心的飞行

陈玮兄的演讲非常非常精彩，从人类开始向往飞翔开始讲，讲到人类探索未知世界的好奇与勇气，并把成功环球飞行与成功登顶珠峰对比。我才知道，原来环球飞行成功的概率要比登顶珠峰低许多。

陈玮兄给我们分享了许多精美的环飞照片，以及他在环飞中是如何联结起全世界华人的。特别是当他谈到他是中华人民共和国成立后，第一个开私人小飞机降落在北京首都国际机场的人，这份光荣与骄傲属于每一个中华儿女，全场报以热烈掌声。

我们每一个人都特别自豪，回想 1840 年鸦片战争，我们中华儿女的屈辱史也通过陈玮兄勇敢地飞翔向世界各国人民宣布，中国人具备勇敢坚毅的精神而绝非胆小怕事。

中国人不仅仅勇敢而且有爱心，陈玮兄飞行的另一个主要原因是为孟菲斯儿童肿瘤医院筹款，当我们听到这些事，更是无比钦佩！

听完陈玮大哥的精彩演讲，我们每个人都受到很大的鼓舞，随后我们进行的是为北京人民医院的两个白血病孩子筹款拍卖。其中一个孩子名字叫作刘翘楚，他来自山东烟台，6 岁时被诊断为白血病，历经坎坷转院来到了北京人民医院，经历了多个疗程的化疗、十几次的骨穿，终于赢来宝贵的骨髓移植的机会。但 30 万元的移植费，家里借遍了亲朋好友只凑到了 22 万，如果失去这次机会可能孩子的生命就会有危险。这次拍卖会是翘楚的一位远房大伯（山东书法家协会会员）捐赠的一些字画，希望能够帮助到翘楚治疗。

公益拍卖会正式开始了，大家都争先恐后，北大杨壮院长领拍，请走了第一份作品；陈玮兄马上跟进，买走了第二件作品；随后同学和校友们都非常踊跃，不到大半个小时就把 10 幅作品一扫光。一共拍得善款 13 万多元，翘楚妈妈也在现场，眼泪从她眼中夺眶而出，她看到小翘楚生存下来的希望。

在离开会场的时候，我与陈玮兄和他的两个美国朋友道谢也道别，一位美国朋友拍着陈玮兄的肩膀，并跷起大拇指说：Wei is a great man！我想，这位美国银行家朋友能够当面称赞陈玮，一定是内心受到了极大的感动。

一个都不能少

拍卖完成三天后，小翘楚如愿以偿顺利进仓移植，这时翘楚妈妈竟做出一个惊人之举——她将交移植款后还富余的 5 万多元，主动捐给了其他 3 个亟须治疗的孩子。我感到非常诧异，因为移植成功只是抗白的一半旅程，出仓后还有长达两年的抗排异治疗，其费用可能都要超过移植费。

当我问翘楚妈妈为什么时，她回答我说："陈玮大哥飞这么远来帮助素不相识的孩子，我们帮的都是病友，谁家的孩子都是孩子，咱们一个都不能少！"我听完后，心中充满感动，希望将翘楚妈妈所说的这句"一个都不能少"发扬光大。

一年以后，我和几个公益界朋友及 YPO 的伙伴，成立一家能够"扶危济困，传递温暖"的基金会，这就是现在的北京同心圆慈善基金会，我们第一个儿童大病救助项目名字就叫作"一个都不能少"，这就是翘楚妈妈被陈玮大哥精神感动后，说出的金句。

四年来，"一个都不能少"项目已经救助亟须救命的大病儿童 150 多名，而北京同心圆慈善基金会更是在社会爱心大众共同支持与帮助下，筹款近 5000 万元，帮助了 2000 多个大病家庭。

从陈玮出发的爱一直在传递

2018 年 12 月 20 日，当我们听说陈玮兄遭受意外，不幸罹难的噩耗后，先是震惊不敢相信，后是极度难过。

2019 年初，北京举办的陈玮大哥追思会上，翘楚妈妈放下手中的一切事务，一定要和我一起去送别陈玮大哥。在追思会上，翘楚妈妈分享说，翘楚的命是陈玮大哥带领大家救下来的，翘楚现在痊愈了，一定教育他好好学习，以陈玮大哥为榜样，将来为社会做贡献，并且及时行善，帮助身边的每一个人。

其实，从陈玮带着捐助之后，翘楚妈妈一直是同心圆的志愿者，默默帮助每一位新来北京人民医院的病友，还在亦庄附近创建了临时居住的小家，为刚来北京求医的白血病病友提供便利。

2020 年，当我在电话中给佩妈讲述陈玮大哥这段故事时，佩妈特别惊奇，她从来没听陈玮大哥提起过有这样的故事。并流着眼泪说：陈玮呀，你没有做完的事情，妈妈一定替你完成！我深深受到感动，并邀请佩妈当我们“一个都不能少”爱心大使。希望和佩妈一起，帮助陈玮大哥完成他还未完成的拯救生命的工作。

在翘楚小朋友及其他 100 多名因为陈玮大哥的因缘被救回来的大病家庭心中，陈玮大哥“从未离去，活在心中”！

作者简介 仇序，湖南汨罗人，生于河南郑州市，1997 年毕业于北方工业大学应用电子专业，1998 年加入朗讯科技有限公司，2002 年创建北京千禧维讯科技公司，2006 年获得北京大学国发院 BIMBA 学位，2015 年成为慈济基金会授证慈诚及荣誉董事，2016 年创建北京同心圆慈善基金会，2017 年参与善学文化中心创建。

陈玮，他去了另外的世界快乐飞翔

郑淑清

陈玮是飞行家，更是富有爱国情怀的慈善家，他一直毫不吝惜地与人分享他的人生经验，竭力给那些仍处在困境中的人们带来希望，传递暖意——追梦之旅中你不是一个人。

陈玮，曾经是我们临云行飞行社区最受欢迎的机长。

2016 年，我们曾在美国 EAA 飞来者大会中国营共同探讨国内外通航发展。

2017 年，陈玮还与小云在美国 EAA 飞来者大会做现场直播，带大家了解美国通航文化。

小云还记得，陈玮机长说，要带小云坐他的战斗机在空中飞一飞，带大家感受飞行的乐趣。

2018 年，我们共同策划的主题还在沟通确定中……

然而现在，他再也不会回复小云了。这一切的一切，感觉犹在昨天，我们还满心期待，一起为中国通航努力，推广航空文化，传播飞行乐趣，让更多人了解通航，热爱飞行！

自由的人生都是努力换来的

陈玮的朋友圈，几乎都是他在不同地区跟不同的飞行朋友一起快乐飞翔的记录，他对飞行的热爱让我们心生敬佩。

“2009 年，我在环球飞行网站了解到，国际上有 166 人尝试过环球飞行，但是没有一个中国人，于是我就想来试一下，算是完成少年时的一个梦想。”陈玮说。

“不管遇到任何风险和困难，我都会告诉自己要坚持下来，实现中国人的飞天梦。”这是陈玮完成环球飞行的力量源泉。

越美的梦想越是充满挑战。

陈玮爱好广泛，其中之一为飞行驾驶，陈玮于 2006 年开始学习飞行驾驶，于 2007 年获得飞行驾驶执照，并获得仪器驾驶及双引擎飞行的资格。

2011 年 5 月 22 日，陈玮从美国孟菲斯出发，驾驶自己的单引擎飞机 N168CW 开始了环球飞行的征程。单引擎飞机的续航能力不强，跨越大洋唯有沿着偏僻的海岸线才能实现，因此环球飞行是一种“勇敢者的运动”。

当时仅有 500 小时飞行经验的陈玮无畏地一路向东飞行，69 天的路途之中，他遭遇了冰岛火山剧烈爆发、飞机空中突发故障、“连锁错误”、越南雷暴云袭击、迫降军队控制的中东机场、北京浓雾干扰。挑战和意外接踵而至，但他都一一沉着应对。

行程 4 万公里，于 2011 年 7 月 29 日结束飞行。陈玮成为“中国环球飞行第一人”，也是第一次飞越中国领空的国际环球飞行人。

我和临云行的小伙伴们一起看过陈玮环球飞行时拍下的美景，我们都心生敬佩，因为这些梦境般的美景真的是太惊艳了。但是只有他才知道，这份美好的背后充满挑战。

是飞行家，更是富有爱国情怀的慈善家

“每一位海外的华人都犹如一颗珍珠，在异国他乡沉淀并且发光发热，我的飞行就像一条线，将这些珍珠串联起来。”陈玮坚定地说。

陈玮坦言，途经的所有国家中，只有降落在北京首都国际机场那一刻，他的心才最为激动——此举意味着自己向外国人释放了一个强烈信号，使他们看到了中国低空空域开放的希望。

“很多外国人都问我中国通用航空到底什么时候开放。”面对这个问题，外国人心中也没有答案，陈玮在首都国际机场的降落却给了全球通航企业一个明确的答复：“没有中国通航的发展，世界航空是不完整的。”

正如陈玮亲笔撰写的《云上八万里：中国公民首次环球飞行》所述，通过这次环球飞行，他实现了自己的三个愿望：凝聚海外华人的爱国热情、为儿童公益慈善募捐、宣传中国的通用航空事业。

陈玮的环飞之行还为美国圣强德儿童研究院募集了 25 万美元善款，用于儿童疾病的研究和医治工作。

其实陈玮一直都是对社会、对他人慷慨付出的爱心使者。此前他还曾为孟菲斯大学捐款了 25 万美元，设立了奖学金。在郑州航展，为了感谢郑州航展对“环球飞行员年会”的支持，弘扬航空精神，推广航空文化，陈玮以私人名义对郑州航展的“幼龙计划”捐款 1 万美元，用于优秀幼龙学员前往美国游学、观展等用途，希望能够激励更多的人热爱飞行、学习飞行、成为翱翔天空的雄鹰。

陈玮以自己的成长和飞行经历验证了管理学大师吉姆·柯林斯提出的一些重要理论，用真实的事例向我们展示，如何去设定并实现自己的“宏伟、艰难和大胆的目标”。

陈玮一直毫不吝惜地与人分享他的人生经验，竭力给那些仍处在困境中的人们带来希望，传递暖意，追梦之旅中你不是一个人。

我们更愿意相信，他只是去了另外的世界继续快乐地飞翔。

作者简介 郑淑清，1991 年 7 月出生于广东省潮州市，毕业于广东工业大学华立学院，临云行商务负责人。

走到哪里，就把爱带到哪里

吴炳林

陈玮曾经说过“每一位海外华人都犹如一颗珍珠，在异国他乡沉淀，发光发热，我的飞行就像一条线，将这些珍珠串联起来”。

2010年秋天，我和陈玮在中国侨联于湖南长沙的活动上相识，在交谈中很欣赏陈玮的胆识和勇于冒险、追逐梦想的拼搏精神，慢慢地我们成为好朋友。

2011年7月，陈玮的环球飞行抵达曼谷一站，当时泰国的华侨华人在泰国和平统一促进会的组织下，在曼谷廊曼机场举行了盛大的欢迎活动。

在我们老朋友相见之后，接下来的行程是泰国—老挝—越南—中国香港，这期间我是和陈玮同行的，当他飞抵北京后，我们又在那里会合。在我陪同陈玮飞行的所到之处，亲眼见证了他的义举，尽自己所能地帮助当地人，真是飞到哪里，就把爱带到哪里。

在老挝期间，我们一起捐助了一批贫困学生并支援那里的贫困学校。

从老挝飞抵越南的过程中遇到了风暴，飞机还遭遇了一定程度的险情，降落越南期间，援助了那里两所孤儿院和敬老院。

之后陈玮经中国香港飞往中国内地，我从香港回抵泰国后到北京与陈玮会合。

陈玮此次抵京是首架单引擎私人飞机降落在北京首都国际机场，北京方面举行了盛大的欢迎活动。事后陈玮表示，在他正在进行的环球飞行中，最有意义的就是能够飞入中国并降落在北京，这使得他的飞行成为真正意义上的“环球飞行”。

陈玮环球飞行成功是一件令全球华人都感到高兴、自豪和光荣的大事，意义重大。为提升华人的地位，扩大中国形象，促进中国与各国之间交流、团结及合作事业，是中国人民百年飞行史上值得纪念的第一人。

2018 年 12 月，突然得到了陈玮出事的消息，说他晚上回家的时候和几位同事一起坐自己的小型公务机起飞，起飞没多久就坠毁了，有目击者称他为了避开居民区，竭力将飞机驶向了一座无人的足球场。

听到陈玮出事的消息，我很震惊。几天前，我们还在用微信讨论海外华侨华人的发展问题。

陈玮除了热衷飞行，还心系海外华侨华人，陈玮曾经说过“每一位海外华人都犹如一颗珍珠，在异国他乡沉淀，发光，我的飞行就像一条线，将这些珍珠串联起来”。

他还说过:“1995 年当我来到美国的时候，我们中国还不是很富裕，而今天中国经济飞速发展，祖国越来越强大，是我们中国人的骄傲。让我们团结起来，不懈努力，来为中国人赢得应有的尊重！”

陈玮的所作所为时刻把自己的命运和民族的尊严与祖国的繁荣紧紧联系在一起。

他虽然离我们远去，但他的拳拳爱国之心、铮铮民族之魂、无私奉献精神将永远留在世人心中。

作者简介 吴炳林，旅泰华侨。中国和平统一促进会理事，中国海外联谊会理事，中国海外交流协会理事，广东省海外交流协会理事，泰国中国和平统一促进总会执行会长，亚洲地区中国和平统一促进会联合总会执行会长。

我的傻哥

李　锐

不管遇到什么样的困难，甚至是灾难，只要你还能笑，就有明天！玮哥不太会说，但他的笑容，让每一个衣衫褴褛、表情惊恐的孩子都记住了。我的玮哥，是一个快乐的、一直抬头奔跑的“傻子”！

陈玮是湖南长沙人，按理说本该是无人能比的“精”，可他是出类拔萃的“傻”！

为啥？

你听我说吧！

第一傻：放弃安逸找困难

陈玮这个家伙，表面上看，绝对是一个天生的偶像：高大帅气，相貌英俊，总带着阳光灿烂的笑容。不仅是一位成功的企业家、金融家，居然还是单人单机环球飞行的华人英雄！我的乖乖！

怪不得参加湖南卫视的《快乐大本营》，那么多姑娘看到他都惊声尖叫，看都不看我们一眼！真是太讨厌了！这让我们这些做兄弟的，情何以堪啊？

可为什么说他是个傻人呢？

了解他的人其实都知道，你一个长沙伢子，好好地在长沙混，朝九晚五，没事嗦碗肉丝粉，来块臭豆腐，晚上去解放西泡泡吧，神策海侃一番，这样的生活它不香吗？

可这个陈玮，居然有福不会享，甘心吃苦受累。跑到美国上学读书不说，还利用学业间隙，刷盘子洗碗，向美国工地出租中国制造的脚手架，卖合肥产的叉车，每天风里来雨里去，折腾得够呛！

那美国是那么好混的？人前笑人后哭估计没少有过，你一个啥也不懂的孩子就愣是在田纳西州孟菲斯干起了一个知名的大企业，让一大群有身份的白哥们交口称赞，引为知己，真是傻人有傻福啊！

第二傻：哪儿有热闹往哪儿凑

说陈玮傻你还别不信，人家异国他乡的好不容易赚了钱，就好好开公司攒钱，好好陪家人享福呗！可他偏不！哪儿有热闹往哪儿凑！

华人社区有什么事了，他总是喜欢掺和一下，谁有困难都想帮一把。谁受委屈了都帮人出头，弄得人家有啥事都想找他，赶上街道大妈了。这出门在外的，人家给你什么好处了？傻不傻？

中国侨办、汉办、湖南卫视到国外搞活动、拍节目，这对于我们来说是工作。陈玮呢？也没人给他安排活儿，就乐颠颠跑前跑后地替我们张罗场地、联系政府，自己买卖都不干了，钱不赚了，到处找华侨华人沟通，请大家来参加活动。

怕我住不好，私人出钱给我换酒店。陪我了解情况，熟悉环境。开私人飞机带我们赶时间，连老妈佩姐、老爸六哥、助手伊莲娜，都贡献出来帮我们张罗。

最后盛大的活动顺利举行，他也没要求上台讲个话、剪个彩、留个名啥的。最差你也讲两句好听的：“我们这些身在海外的游子，不管千里万里，永远心系祖国！”可他呢？啥也没说！忙别的事去了！到现在我都没琢磨明白，这没名没利、搭钱花时间的事儿，他到底图个啥？这哥们儿看来是真傻呀！

这傻人有时候还真挺牛。一中国小伙，开飞机带我们去找美国的州长手持中国对联，穿唐装，用汉语说：“中国你好，新年快乐！”那美国哥们儿厚厚的嘴唇，脸都憋紫了，半天也说不明白，弄得一脑门子汗，陈玮这傻哥们，这时候乐得比谁都开心！

第三傻：只重情谊不算经济账

说他傻，还因为他不太会算账，容易相信别人的好。

我从中国去洛杉矶，给他带了个能唱歌的话筒，夸他几句："你的歌声动听，你是华人的飞行英雄"。这下子把他高兴的，不停地用各种不同机型，载着我们在好莱坞上空的云海中飞行。熟悉他的人都知道，这傻哥们儿经常这样！不熟悉他的人肯定奇怪："这傻哥们儿，你也不会计算下，一个话筒，才几百块钱人民币，这好几趟飞行下来，油钱得花多少美元啊！傻到算不清人情账啊。

再说他干的那些事！单人单机全世界第一个华人环球飞行英雄！这事是那么好干的？别人肯定是飞行了很多年，在各地有完善的后勤保障、齐全资源和人，才敢试一试。

这哥们儿刚学飞行没多久，兜里揣了点钱，带上干粮和水，一个人就出发了。开着螺旋桨飞机一路爬雪山过草地、穿大洋过大洲，跨越正在喷发的火山口，愣是完成了环球飞行，还是第一个自己开私人飞机，从国外一路飞来，降落在北京机场的人。

说他牛还不如说他更像"阿甘"，一根轴一根筋，全凭一股子傻劲跑到终点。

第四傻：对别人的事比自己的事还热心

玮哥有时候真的特别"轴"！我在湖南卫视录一个挑战节目，要请美国极限挑战大师迪恩波特先生来中国。本来只是请他联系下就完事了，可他偏不！又放下美国的生意，陪迪恩波特一起来中国，还一直叨念，怕自己不来这事办不好。我就奇怪了，办不好跟你有啥关系？操心的命！

迪恩波特先生其实也非常恐惧，在万丈悬崖之间，没有任何保护走过上百米的一根软绳，任何小小的失误都会丢掉性命。他提前一个星期坐在悬崖峭壁上，调整心理状态。玮哥就天天爬悬崖陪着他，说别人英语不好，不懂迪恩波特，只有自己陪着才放心！汗！电视台也没给你一分钱劳务，也没人请你这么干，整不明白玮哥心里咋想的。反正最后两个人处成了非常好的哥们儿！玮哥乐得跟什么似的！

正式挑战那天起了个大早，悬崖间云雾缭绕，嗖嗖冷风。玮哥又驾轻就熟地带着我顺着工人临时砸下的安全绳往悬崖上爬。一路青苔脚滑，碎石落下，脚底就是万丈深渊！我脸色发白腿发软抬头看，头顶是玮哥那略显肥胖的屁股扭啊扭的，我没好气地喊："要不是你一直忽悠我，我是绝对不会跟你上来的！你一个美国的亿万富翁，来冒这个险干啥？"

玮哥停下脚步，低下头冲我嘿嘿一乐："兄弟，我没办绿卡，现在户口和身份证都是长沙的！"我又傻了！

迪恩波特先生挑战成功后，跪在悬崖上失声痛哭，说想妈妈了。陈玮在山这头儿也哭得鼻涕眼泪的，掏出手机给自己老妈打视频电话，冲着那头开心地喊："佩姐，我跟锐哥在湖北恩施大峡谷呢！挑战成功了！你放心，我们没事，回来带你恰湖南菜，给你买台好车啊！"

你听见没，他喊自己妈叫姐姐，真是傻到家了！

傻得伟大的英雄

放下电话，陈玮把相片册中好多照片给我看，好多都是宝贝女儿们的，我抱过。玮哥经常带她们去滑雪、游泳，估计这是宝贝们长得结实的原因吧？还有他跟嫂子各种恩爱的照片，更多的是他开着飞机，跟志同道合的朋友们，飞到巴基斯坦阿富汗、非洲、中东，飞到世界每一个饱受战火摧残、贫穷苦难的地方，陪那些绝望中的孩子们，一起读书，一起玩，一起吃东西，一起笑。

不管你遇到什么样的困难，甚至是灾难，只要你还能笑，就有明天！玮哥不太会说，但他的笑容，让每一个衣衫褴褛、表情惊恐的孩子都记住了。

世界三项极限挑战纪录保持者，迪恩波特先生跟我们说过，自己并不是一个冒险家，一样会恐惧，有深爱的母亲、妻子和孩子。之所以这样做，是因为自己是一位艺术家，要把自己的身体、精神、梦想，用极限挑战的的方式，创造大自然最美的瞬间。

今天，我这位“傻哥哥”也用他最美好的青春年华，化成夜空中最亮的那颗恒星。临分别时，还极力操纵失控的飞机，躲开人烟稠密的地方，和好兄弟们飞向了另一个宇宙。他在这个时候的第一反应，不是自己保命，而是一直惦念着不要伤害到地面上的人，玮哥你傻得伟大！你不愧是英雄！我们都听到了你留下的最后一句话“我又要起飞了”！

说给傻哥的话

玮哥，我是你锐弟！我们说好要一起做慈善事业的，像你一样，给这世界每个被遗忘角落的孩子带去欢乐，现在我会继续去完成，做不到我是乌龟我是猪！

对了，原来跟你一块叫“佩姐”“六哥”。现在你走了，我改口叫“干爸”“干妈”了，她们每次回来，我都会带着出去玩。带他们吃好吃的，过节日还有红包哟！也会常常给嫂子、孩子们发短信问好，她们都像你，痛苦中却总是笑着安慰我们。你放心啊，你会做的我也会！虽然我有时候挺忙的，但是我要学你。做一个快乐的、一直抬头奔跑的“傻子”！

再代玮哥向年轻的朋友们说几句话：我们追求的成功，绝不是开了什么名车，住什么豪宅，有多少钱，求得什么功名，而是你有没有为自己梦想而努力，有没有为别人喜悲，有没有为人类的发展进步做出自己的贡献。如果你心里曾泛起波澜，那就像阿甘那样去奔跑吧！像玮哥那样去快乐飞翔吧！因为百年之后，你也会在别人记忆文字中骄傲地说：“这世界我曾经来过，没记住圆滑世故是什么，我像恒星一样永远也不会陨落！”傻哥陈玮，我们永远爱你，永远记得你。

作者简介 李锐，湖南卫视节目主持人。毕业于北京广播学院播音主持专业。1999年，李锐加入湖南卫视并主持湖南卫视《晚间新闻》。2013年、2014年，李锐以村长的身份参加亲子户外真人秀节目《爸爸去哪儿》第一季、第二季，并正式出版首部个人随笔集《别拿村长不当干部》。

2014 孟菲斯华人春晚，陈玮和父母合影

在洛杉矶加州俱乐部参加世界青年总裁组织（YPO）的活动

担任美国十大音乐节之一的"孟菲斯五月节"主席

与猫王青梅竹马发小同发新书

在华盛顿见波兰大使

与 Jim Collins 在 YPO GLC 聚会

陈玮努力促成了美国国会议员第一次受邀参加华盛顿中国大使馆的活动

在孟菲斯作家节宣传自己的新书

与搭档 Elena

YPO 墨尔本年度峰会（1）

YPO 墨尔本年度峰会（2）

与 YPO 的好朋友

▶ 与 Chris Vasquez（陈玮航空电影公司合伙人，退役美国空军 F16 飞行员，好莱坞航空电影、飞行动作片制片人，从事电影、电视和广告的拍摄，剪辑和制作）在 L-39 战斗机和 TMB700 前合影

▶ 与 Chris Vasquez 在 L-39 战斗机和 TMB700 前合影

▶ 与挚友 Idaho 完成 17 小时铁人三项赛后在飞机上合影

▶ 帮助黎巴嫩 YPO 朋友 Sam 准备环飞

▶ 陈玮在中国驻美使馆演讲

▶ 为《云上八万里：中国公民首次环球飞行》题词的联邦快递创始人 Mr. Fred Smith

孟菲斯嘉年华国王和皇后皇家典礼

2017 年华人春晚，王莹与陈玮和新市长 Jim Strickland 合影留念

筹备 2014 华人春晚，与孟菲斯前任市长 A.C. 沃顿、陈江合影

王慧英与陈玮和朋友在长城上比赛跑步

参加孟菲斯音乐节和孟菲斯市长合照

陈玮作为孟菲斯五月音乐节主席，为 George Hunt 油画揭幕

参加 YPO 海之龙活动

2017 年华人春晚，王莹、陈玮、陈江和新市长 Jim Strickland 合影留念

陈玮参加北京史家小学“让梦想照亮人生”活动

陈玮荣获 2008 年度福格尔曼商学院最佳企业家的称号

陈玮身着“我是孟菲斯的”衬衫与圣强德医院救治的孩子们

陈玮获得的 YPO 最佳网络奖

印尼雅加达 YPO 高尔夫球比赛

陈玮与孟菲斯中心图书馆 Bookstock 孟菲斯地区的地方作家节

陈玮与孟菲斯市前市长 A.C. 沃顿（A.C.Wharton）有着深厚的友谊（1）

陈玮与孟菲斯市前市长 A.C. 沃顿（A.C.Wharton）有着深厚的友谊（2）

➤ 从左到右：维恩·道迭，孟菲斯历史学家；史蒂夫·科恩，美国众议员田纳西州代表；作家们 Marie Pizano，Blanche Jordon Scott，Dan Conaway，Miriam DeCosta-Willis，和 Keenon McCloy，孟菲斯公共图书馆馆长

➤ 孟菲斯五月国际艺术节总裁兼首席执行官吉姆·霍尔特（Jim Holt）和 2015 年孟菲斯五月国际艺术节董事会主席陈玮（Wei Chen）在 2015 年 8 月 13 日孟菲斯植物园他们组织的年会上

➤ 和朋友一起参加陈玮任孟菲斯音乐节主席的活动

➤ 与杨守礼、莫家大等的春晚合影

➤ 带杨守礼等朋友们参观机库

和 YPO 会员去长城

王慧英和陈玮参加 HBS 哈佛商学院案例化装晚会

王慧英和陈玮所在的 YPO 海之龙分会一个小组成员

“真实孟菲斯故事”活动上陈玮介绍新书

王慧英和陈玮作为 CBS 北京商业分会成员在钓鱼台晚宴

图片编辑 / 赵倩

PART 5

世界公民：我是孟菲斯的

综 述
世界公民：我是孟菲斯的
张家卫

“我们知道伟大的领导都是世界公民，陈玮显然就是一位世界公民。”

——YPO CEO 斯科特 · 莫德尔

你的环球飞行，不是给世界造成伤害，而是带来友谊，带来互助互敬。

——A.C. 沃顿

孟菲斯（Memphis）是美国田纳西州的城市，是田纳西州最大的城市，在美国东南部排名第二，也是美国第 17 大城市。孟菲斯位于密西西比河岸边，是美国重要的交通枢纽和运输业中心，该市拥有世界上最繁忙的货运机场，是美国联邦快递公司总部所在地，也是美国“猫王”的故乡。

陈玮在他的《云上八万里：中国公民首次环球飞行》中写道：“孟菲斯对我而言，就是我的第二故乡，我充满了感情，收获了妻子、公司、环球飞行的起点，等等。”

从 2002 年的第一年开始，陈玮始终是每年大孟联春节联欢晚会的慷慨赞助商和热心支持者。18 年过去了，春节联欢晚会仍然是孟菲斯华人社区最大的年度盛事。2017 年和 2018 年 连续两年登上《人民日报》海外版。甚至来美的华人除了知道猫王之外，其次就是大孟联的春节联欢晚会。

我是 2015 年去的孟菲斯，应陈玮之邀去参加一年一度的美国孟菲斯五月国际节。他是当年第 39 届孟菲斯五月国际节的轮值董事长，是这一美国本土国际盛会史上第一个华裔领导者。陈玮不仅以非凡的组织能力领导了整个五月节的各项活动，而且在飞行表演中大显身手，不仅仅把全城的孟菲斯人带入了欢乐的海洋，也让孟菲斯的华人们充满了骄傲之感。

陈玮用自己的坦诚、勇敢和热情，以自己的担当和魅力赢得了美国人的信服，美国人也打开社交圈热情地欢迎他。很快，陈玮成为孟菲斯的商业领袖，成为孟菲斯市长的顾问。2006 年，陈玮被田纳西商业杂志评为年度最佳经理人；2007 年，荣获孟菲斯商业周刊颁发的年度经理人总裁奖；2008 年，荣获孟菲斯大学商学院颁发的年度实业家奖及 40 岁以下杰出青年奖。同时，陈玮还受邀成为孟菲斯大学商学院的顾问董事。

世界青年总裁组织（YPO）是一个世界性组织，由 130 余个国家的 2.7 万多名总裁和他们的家庭组成。2008 年，陈玮加入了 YPO，并且投入了相当多的时间和精力，在短短的 10 年中，他参与了 90 多次 YPO 的世界性活动，主持和共同主持了其中的 23 次活动。当陈玮担任 YPO 中国商业网络主席时，他邀请美国国会议员来到中国，参加了一年一度的 CBS 中国商业峰会，加深了 YPO 国外会员对中国的了解。2014 年他主办的 CBS 上海商业峰会获得了 YPO 年度大奖。

2016 年特朗普当选总统，陈玮是美国全国广播公司商业频道（CNBC）专访的两个华人中，除了骆家辉之外的另一位美国主流社会认可的华人代表。

2017 年，习近平主席访问美国，中国驻美国大使馆请他作为海外华人代表，参加习近平主席的亲切会见。

在朋友的眼中，陈玮是中国人圈子里西化的典型；到了美国人的圈子，他又是中国人的代表，代表着新时代中国人的形象。陈玮的言行，与美国主流印象中的中国人截然不同，陈玮重塑了中国人在西方人眼中的形象，也通过他自身的亲和力感染和激励了周围的华人。

陈玮无论是在孟菲斯的活动中，还是在环球飞行时，他都会自豪地穿上“我是孟菲斯的”的衬衫，他为自己是一个来自中国的孟菲斯人而自豪，为中国、为孟菲斯代言，他被孟菲斯称为城市的典范和骄傲。

因此，YPO 主席斯科特·莫德尔先生评价陈玮说：“我们知道伟大的领导都是世界公民，陈玮显然就是一位世界公民。”

一缕强劲的阳光

A.C. 沃顿（A.C. Wharton）
译者：奚卫林

刚才在听合唱团唱歌时，我想到了迈克尔·杰克逊的一首歌《你们并不孤独》，你们（陈玮家人）回头看看背后那一张张温暖的面孔就会明白——还有我们跟你们在一起。

陈玮在帮助我的中国之行做准备时教给我一句中文“谢谢”，这是我唯一记住的一句中文。常有人问我，我名字中的 A.C. 代表什么意思，我也说不清楚。尽管我不太清楚我的名字的来源和意思，我却知道陈玮的名字是什么意思：高大伟岸，爱说爱笑，充满力量，这些都是他的名字代表的意思，这些词语用来描述陈玮再合适不过了。他一方面高大伟岸，乐观坚强，同时又很谦卑善良，充满奉献分享之心，他强大的精神让他能透过人间残酷的黑暗、丑陋和卑鄙看到不远处更阳光灿烂的新一天。

陈玮是我很珍视的朋友，在他几次为我的中国之行做准备时，我都感觉到，他坚信每个人的内心深处都有更好的品质，他的使命就是帮助别人把内心更好的那些品质挖掘出来。他把他的公司命名为“阳光”真是非常贴切，我有幸多次体会到他带来的缕缕阳光。我还记得他向我介绍他要从事的铲车贸易计划，他留给我一个小铲车模型，我至今还珍藏着。我还记得他向我描述准备环球飞行为圣强德儿童医院募捐的梦想。

我说陈玮用“阳光”这个词命名他的公司很贴切的另一个重要的原因是，他深信每个人应该更关注自己内心的阳光，而不是得到多少外在的阳光。我们大家都追寻太阳以便获取阳光，陈玮却借助太阳发出自己的光和热，不论是乌云密布，还是漆黑午夜，跟他在一起，你都能感到阳光在闪耀。

我说陈玮用“阳光”这个词命名他的公司很贴切的最重要的原因，是他为我，为我们现在所处的孟菲斯大学、圣强德儿童研究医院和我们这个城市付出的巨大努力。他从不计较他自己是否得到了什么，他想到的总是别人，他能为别人做些什么。我应该代表圣强德儿童医院和那些孩子们（沃顿先生卸任后就职于圣强德儿童医院）向陈玮说声谢谢，陈玮虽然不是那所医院的正式员工，那些孩子们在他的心里却占据着特殊的位置，他想把圣强德儿童医院这缕阳光洒向全世界。

12 月是很令人悲伤的一个月，著名歌星 Otis Redding 是在 12 月因为坠机辞世的，孟菲斯大学的几位橄榄球教练也是在多年前 12 月的空难中离开我们的。但我们都知道冬天来临时，春天也不太远了。如何度过目前的艰难时刻，我们面临着选择，让我引用在英国女王伊丽莎白母亲的葬礼上一位出席者的致辞：“你可以因为一个人与我们永别而悲伤流泪，也可以因为他曾精彩地活过而微笑，你可以闭上眼睛祈祷他再回到我们身边，你也可以睁开眼睛看看他给我们留下的一切。”我选择睁开眼睛看到一个强大的阳光（商翔）国际公司，看到人才辈出的孟菲斯大学，看到充满活力的华人社区，看到著名的圣强德儿童研究医院，和蓬勃发展的孟菲斯。

我永远感激陈玮在我为本市发展付出努力时给我的鼓励，我们有共同的梦想——要把孟菲斯建成一个充满关爱，充满活力，人人都被接纳、受欢迎的城市。我们两人都不是土生土长的孟菲斯人，但我们都在这片土地受到欢迎，他真心爱这个城市，我也真心爱这个城市，他想把这个城市变得更美好，这也是我活在世上每天想做的事。

怎样才能最好地纪念陈玮呢？我们可以建一栋楼房，但我们需要花钱花时间去维护它，而且它会随时间的流逝而风化；我们可以建一座雕像，但逐渐会淡忘它的所在，最后它会被鸽子们来筑巢；我们可以用铜作材料，但铜会变色；我们可以用玻璃作材料，但玻璃会破碎。最好的纪念是把对陈玮的回忆和怀念付诸行动，用来激励我们，每一天每一刻，把我们的城市和我们的国家建设得更好。

在戴安娜王妃去世后，Elton John 在歌中唱到："你就像风中的蜡烛，日落雨飘时仍然在燃烧，你的足迹永远印在绿草坪中和山坡上。"我觉得这也是陈玮生活的写照，蜡烛会熄灭，但他的传奇不会。

感谢陈玮的父母把他带到这个世界，让我们与他共度了一段宝贵的时光，他的传奇会永远在我们中间传颂。

（备注：本文是 A.C. 沃顿在陈玮葬礼上的发言。）

作者简介 A.C. 沃顿（A.C.Wharton），美国田纳西州谢尔比县前县长（2002-2009）和田纳西州孟菲斯的前市长（2009-2015）。在他任职期间，他专注于儿童福利、医疗保健和财政稳健性有关问题。在之前的长达 22 年中，他还担任田纳西州谢尔比县的首席公共辩护人，并制定了许多创新的预防犯罪和减少累犯的计划。沃顿先生出生于田纳西州黎巴嫩。他毕业于田纳西州立大学和密西西比大学法学院，并在该学院兼职担任了 25 年法学教授 。此外，他还担任过圣强德 / 美国黎巴嫩叙利亚联合慈善组织（ALSAC）的执行发展总监，是 A.C. Wharton Group，LLC 咨询公司的首席负责人。沃顿咨询公司的客户包括众多非营利性机构以及工业客户。

译者简介 奚卫林，山东济南人，在国内从事英语教学。1994 年来美国后取得会计学位，一直从事财务工作。

孟城春晚的后盾，大孟联的依托

杨守礼

回忆我与陈玮交往的体会，感觉陈玮有三个方面的特质：有思路、有规划、有魄力，是一个全方位奇才；对女儿、对妻子、对父母充满柔美怜爱的情怀；中国典型传统学子的中华文化底蕴和超前思维相融合的气质——革命世家的传承。

爽快的“赞助商”

回顾最早与陈玮相识，他的事业还在起步阶段，他和妻子结婚不久。那时我们和二儿子杨壁立及儿媳任丽君，与陈玮的几个早期生意伙伴胡松南、于文彬、梁洪波等有一些接触，所以和陈玮也认识了。他知道我和太太黄胜利都在St.Jude儿童研究医院工作，而他的妻子刚获得生物医学相关的博士学位，正在考虑今后的发展方向，就想和我们聊聊，于是我们两家六个人就一起吃了一次饭。

大家聊得很愉快。我感到陈玮是一位开朗豁达的年轻人，虽然比我们的二儿子杨壁立还小一岁，却是可以做朋友的人。临别他留下一句看似是客气的话，“以后有用得着我的地方，尽管说话”，不想从此开始了与孟菲斯华人社区发展有很大影响的一系列事件。

与陈玮第二次比较重要的接触，是在几年之后了。

2002 年的 9 月，我们几位孟菲斯当地的华人正在筹建孟菲斯华人联合组织，希望各地华人联合在一起。第一步，决定先把中国传统节日春节的联谊活动“春晚”搞起来。

当时我除负责春晚筹委会召集之外，还负责资金保障工作。这时我马上就想到了陈玮留给我的那句话，于是会后我就与陈玮通过电话进行了沟通，并来到他在 Poplar 大街东头南侧一所小楼二层顶头的办公室。

此次见面就一见如故了，他拉着我的手，开门见山地说：“杨老师，华人的事情我一定支持，办春节联欢会更是人心所向。您说让我出多少钱，我就出多少，何必让您亲自跑一趟呢。”

那时他的公司起步不久，后来在 Whitten 的办公和仓储建筑还没有，在全美的布局虽在筹划也还没铺开，但他就有如此的眼界、胸襟和情怀，令人感佩。

后来我还是狮子大开口说，你出两三千怎么样，他毫不犹豫地说：“好！就这样，如果最后不够我全都兜着。”多么豪爽啊！须知那时华人，特别是大陆来的华人，经济上都很拮据，不比现在经过二三十年的拼搏，大陆来的华人也都颇为富有了。

之后，在华人春晚筹备会议上我通报了陈玮会赞助的消息，大家很受鼓舞。

我们开始邀请陈玮参加晚会筹备委员会工作。2002 年 12 月 7 日上午，大孟菲斯地区首届（2003 年）华人春节联欢晚会筹备委员会第三次会议，就是在陈玮 Lakeland 湖边寓所举行的。

后来又在陈玮家开过几次会，那时陈玮的夫人也总是会为大家准备一些水果、点心之类的，并且参加大家的讨论，虽然发言不多，但有参与的热心。

通过这些接触和会议，陈玮也结识了孟菲斯一大批华人领袖。

陈玮不仅成了赞助方，还具体参加筹委会的财务组工作。从此陈玮的美国商翔实业（Sunshine Enterprise）就成为每年大孟菲斯华人春节联欢晚会的固定赞助商，也是继而成立的大孟联的依托和后盾。

据我们的了解，在全美乃至全世界的华人社团，要能健康成长、发展壮大，首要的四个条件是：华人群体的需要，无私奉献的团结的领导团队，有实力的商家为依托和及时有效的宣传动员及沟通。而我们孟菲斯华人组织大孟联和它所举办的大孟菲斯华人春节联欢晚会的依托就是陈玮的美国商翔实业。有了这个依托，大孟联和孟菲斯华人春晚，才能顺利地持续了 17 年，这在全美乃至全世界的华人社团都是少见的。陈玮功不可没！

首届华人春晚大获成功

孟菲斯首届华人春节大联欢晚会，开创了各地全体华人共同举办大型庆祝活动的先河。这不仅在孟菲斯华人社区的历史上是首次，而且在世界各百万人口大城市的华人历史上，也应该是首次；这是其他大城市华人学习的榜样，更是我们孟菲斯华人的骄傲。

华人春晚从根本上改变了孟菲斯主流社会对华人社区的印象和评价。晚会演出过程台上台下同声高唱《难忘今宵》《同一首歌》《我爱你，中国》的歌声，依然让众多亲临演出现场的朋友们感到震撼。

有 300 余人参加了此次联欢活动的演出和准备工作，2000 余人观看了演出或参加了庆祝活动。整个活动不仅有两场大型演出，还有 2000 余人的大聚餐、交谊舞会、卡拉 OK、有奖猜迷等多种游艺项目，中央电视台晚会录像，孟菲斯华人雕塑、绘画、剪纸艺术展，孟菲斯华人历史展及图片展等。不说庆祝活动的丰富多彩，仅就 2000 多人的免费大聚餐而言，需要多大的场地、多少餐饮食物的奉献、多少人的运输和服务。而这样宏大的场面，竟然靠的是一个正在筹建的华人社团，而且是在中华大地之外的“异域”实现的，这其中所蕴藏的巨大的社会动员能力何等惊人，我们靠的就是五千年悠久文化底蕴所凝结的巨大精神力量！

这次活动令主流社会对孟菲斯华人社区刮目相看，孟菲斯市长和 Shelby 县县长联合发布公告，确定当年春节所在周为中国周。Shelby 县县长 A.C.Wharton 还专门来到孟菲斯大学玫瑰剧院演出现场，向孟菲斯全体华人祝贺春节。

第一次春晚之后，我们与陈玮已经密切地联结到一起，他以商业运营的财力支持孟菲斯华人社区组织和活动，反之孟菲斯华人的丰厚人才，也给陈玮的事业提供了许多宝贵的资源，两者相得益彰，同步发展，迎来了商翔实业和大孟联及孟菲斯华人春晚日新月异的繁荣景象。

大孟联成立

华人春晚的成功使我们更有信心着手于创立华人统一组织——“大孟菲斯华人联合会”（简称“大孟联”，英文名为 Greater Memphis United Chinese Association，缩写 GMUCA）。所谓“大孟菲斯”就是包括孟菲斯及实际已与其连接成一体的周边许多小城的称谓，100 多万人口。

2003 年春，筹备工作的会议几乎都是在陈玮家开的，为陈玮的家庭带来许多麻烦，每次开会都受到陈玮家人的热情接待，孟菲斯华人都应该感谢陈玮，感谢陈玮的家人，他的父亲陈先杰、母亲李佩明和他的夫人徐朝晖。我们为有幸结识陈老总、佩明姐和朝晖而感到荣幸。陈玮不仅为筹备成立大孟联提供开会会址，而且对于起草和推敲大孟联章程起了重要作用，因为他有注册公司的经验与大家分享。

2003 年 3 月底 4 月初，大孟联终于正式成立。随即注册成为非营利组织，成立了中文学校，创刊了《孟华时报》，孟菲斯华人社区进入了一个新的蓬勃发展阶段。在这一过程中，陈玮和他的企业及家属一直不离不弃，给予多方面的支持，对孟菲斯华人社区做出了非常重要的贡献。

感知陈玮的精神世界

还有几件比较私人的联系让我们记忆深刻，从中可以看到陈玮不同层面的精神境界。

1. 驰拼商场的精神风貌

大孟联筹备工作基本就绪后的一个周末，陈玮邀请我和老莫一起去他们商业伙伴经常聚会的俱乐部休闲一下，也看看他在商业领域运作的环境。

该俱乐部坐落于 40 号高速和 Germantown Pkwy 交口的东南。陈玮在带我们浏览这里的设施和功能的同时，告诉我们：商业发展运作的许多火花、机遇，都是从这种休闲的交际场合产生的；商界的这种俱乐部可以比拟高科技的孵化器，商界的俱乐部对于商界人士的重要性，堪比硅谷和中关村对于新兴高科技公司的重要性；他还说，这种俱乐部的年费和消耗是一笔不小的开销，但是，如果你想作为一个商界的强者，你应该毫不吝啬这笔钱，这是必要的投资，而且是比你投入具体项目中的投资更为重要的投资。

陈玮的这一席话，让我对他另眼相看，现在和我们在一起的这个年轻人，不是一个只为赚钱而钻进商海的商人，他已经世事洞察，有更深层次的追求和思考，他志存高远，不可等闲视之。

陈玮是一位奇才，不仅是商界奇才，而且是全方位的奇才。他不仅有思路、有规划，而且有他人不能比拟的魄力，这是他之所以有所成就的关键所在，这里可以看到陈玮在驰拼商场时的精神风貌。

2. 因幸福感而升腾出的绯红容颜

大孟联成立后，陈玮的第一个女儿 Elisabeth 诞生，陈玮在 Lakland 的社区中心为女儿过满月，请了一些朋友，我们夫妇也被邀请参加。陈玮让我讲几句祝福的话，我没有在这种场合讲话的经历，也就语无伦次地说了几句，现在已完全记不得说了些什么，但对陈玮一家老少的表现，却记忆深刻。陈老总、佩明姐喜得孙女，当了爷爷奶奶从心里高兴，喜乐之情溢于言表，自不待言。

让我不能忘怀的是，初为人父的陈玮的表现。当朝晖抱着刚满月的女儿走出来时，众人都走向前，端详那小宝贝，爱怜和赞美之声不绝于耳。有人招呼陈玮："爸爸快来抱抱女儿吧！"大家的目光一下都聚焦到陈玮的脸上，并把通向朝晖的路让开来，陈玮此时却定在那儿，满脸绯红，只知傻笑，迟迟迈不开步子，反倒是朝晖抱着女儿，缓缓向先生走来。一个大男人，拼搏商场，翱翔长空，尽显英雄气概，而此时竟是如此面孔羞红，多么大的反差啊！

还是在人们的催促下，他才走过去，从朝晖怀里接过女儿，小小的女儿在偌大的男人怀里，愈加显得娇小可爱，而这大男子汉的脸，几乎和他那初生女儿的脸一样绯红。是什么染红了这个男子汉的脸？是幸福！是怜爱！是对妻子深沉感谢的情怀！这是我第一次看到一个男子汉的脸，因为幸福感而升腾出如此美妙的绯红。这是陈玮给我留下的另一幅难忘的容颜。陈玮是幸福的，即使他到了另一个世界，也会依然。

革命世家的传承

和陈玮及陈先杰先生熟了，不免聊到家乡和前辈人的生平，他们是湖南人，前辈是辛亥革命的先锋。而我的太太也是湖南（平江）人，岳父早年反赵恒惕和湖南起义也史有所载。

由于我们都对历史有兴趣，还专门安排了一次会面，来谈家庭历史和湖南的历史事件。

陈玮出生在一个革命世家。他的曾祖父陈云亭，是辛亥革命在长沙就义的烈士。生前供职湖南洋务总局，参与华兴会的革命活动；为辛亥革命著名革命者宋教仁、吴景鸿、聂雁湖等人提供房屋进行革命活动，并给他们以多种支持和掩护，长沙起义失败后，解囊相助，支助他们东渡日本，继续革命。而自己却落入敌人之手，忍受非人酷刑而牺牲。

陈玮的祖父陈伯勋早年曾与宋教仁儿子宋振吕结为好友，并曾考取黄埔军校第六期。后从事园艺工作。1926 年，长沙成立生花圃业同业公会，被推选为商民协会执行委员兼花圃工会会长。湖南各地商民协会踊跃开展各项活动，以前所未有的政治热情积极支持国民革命，参加反帝爱国运动，从而使湖南商民运动获得了迅速发展。1945 年 8 月，日本宣布无条件投降，陈伯勋继任湖南省参议员，中华人民共和国成立前夕拥护程潜、陈明仁湖南起义。

陈先杰先生概要地介绍了陈家的历史，陈玮侧耳倾听，不时插一句，多是提问性质，看得出他对家庭历史饶有兴趣。陈玮是一位思维颇为超前的年轻人，但他此刻表现出的，却是一个典型中国传统青年学子的模样，刨根问底，急切地要把自己和先辈的根连接起来。他在商场的超前思维和他追根溯源渴望传承二者，在此融合到一起，他的根深深地扎在中华文化和古老文明的土壤中。

陈先杰先生最后不无歉意地说，他虽抱上了孙女，但毕竟还不够老（他比我小一轮），很多事没有亲身经历，他说他的哥哥比他了解更多。他不无触动地说，你方便时请去湖南，我陪你们转转看看，让我们身临其境地聊聊湖南和家庭的历史。

回忆我与陈玮交往的体会，感觉陈玮有三个方面的特质：有思路、有规划、有魄力，是一个全方位奇才；对女儿、对妻子、对父母充满柔美怜爱的情怀；中国典型传统学子的中华文化底蕴和超前思维相融合的气质。陈玮的内心世界，包容着多方面、多层次的内涵，需要我们去琢磨和体味。这不论是对于年轻人，还是对像我们这样经历了几乎完整人生的老者，都有激励和借鉴的意义。

作者简介 杨守礼，1958—1965 年于北京大学学习。毕业后先后在中国医学科学院、北京协和医院、中日友好医院工作，曾担任骨钙代谢研究室领导职务。1978—1980 年担任中华核医学会筹备委员会秘书长，参加中国核医学会和《中国核医学杂志》筹建工作。1984—1985 年在日本京都大学医学院做研修员。1988—1989 年参与中国骨质疏松学会早期筹备工作。有三本学术专著在科学出版社出版:《激素和药物的代谢示踪动力学》(1989)、《液体闪烁测量技术的进展和应用》(1987)、《受体理论概论》(英译中，1984 年)。1989 年，来到美国，在威斯康星大学一麦迪逊工作，在维生素 D 免疫方面获得两项美国发明专利，促进了维生素 D 在自身免疫性疾病治疗和器官移植排斥反应中的应用。1992 年到孟菲斯 St.Jude 儿童研究医院工作。1999—2002 年，担任该院中国学者和学生联谊会主席。2003 年作为主要召集人之一组织了孟菲斯首届华人春节联欢晚会，为孟菲斯华人开创了庆祝春节的一种模式。2003 年大孟菲斯华人联合会（GMUCA）成立，杨守礼是该协会最重要的发起人、组织者和董事会轮值主席。2007 年几近 70 岁退休，至今十余年，从事黄埔军校历史和家谱研究工作，有系列论文在公开杂志上发表。

大支票和小支票

郁新华

无条件地支持他人，这就是他的信条。从 20 世纪 90 年代来到美国的那一刻开始，他一直在这样做，无论是大支票还是小支票，只要向他开口，他总是施以援手。

我第一次遇见陈玮是在 2015 年春节联欢晚会上。

他专程从洛杉矶飞回孟菲斯参加庆祝活动。我清楚地记得他那天穿着一件紫色丝绸传统唐装，笑容满面地紧握我的双手，感谢我组织这次活动，并鼓励我为华人社区做事。

我们聊起了大孟菲斯华人联合会（GMUCA）的历史以及之前庆祝活动的美好回忆和有趣的花絮。现在虽然我不记得我们谈话的很多细节，但我确实记得他向我保证，让我不要担心财务问题。

事实上，每年当我们开始为中国春节晚会筹款时，他总是开一张大支票，弥补我们所需要的任何财务上的缺口。

虽然我认识陈玮较晚，但是早就听说了他积极支持孟菲斯华人社区建设的义举。

2003 年初，陈玮和一群孟菲斯华人决定成立一个帮助孟菲斯中国人并促进中华语言和文化交流的协会。第一次会议就在他家举行，大孟菲斯联合华人协会（GMUCA）也就此诞生。作为该组织的创始成员，他提供了自己的家和办公室来举行会议，他打开钱包支持各种活动，他也贡献了大量时间来设计大孟联第一个中国新年庆祝活动——羊年新年晚会。

从那以后，陈玮一直积极参与和赞助华人活动。虽然他的工作繁忙，可能无法参加所有活动，但他无处不在：他确保资金充足，活动准备充分，各项活动组织有序。他的家人也积极参加这些活动。我们也习惯于接受他的支持。无论何时何地我们计划什么活动，陈玮始终是我们寻求帮助的第一人。

在我与陈玮的交往中，最让我印象深刻的是他的正念、温和和善良的心态。我从来没有听说他对什么事情发表任过何负面言论。即使遇到困难，我总是看到他微笑以对。他会赞赏我们所做的一切，并感谢我们所付出的努力。他的口头禅就是："继续这样做下去。如果您需要任何支持，请直接告诉我。"

无条件地支持他人，这就是他的信条。从20世纪90年代来到美国的那一刻开始，这就是他一直以来所做的。

在我们为他设立的纪念网站上就有很多来自过去受益者的感人故事。他们中的许多人也许从未真正见过他。例如当一名孟菲斯大学的中国学生因为某种原因而没有经济支持时，他发了一封简短的电子邮件给陈玮寻求帮助。陈玮立刻无条件地给了他一张支票。后来，陈玮甚至没有记得他曾经这样做过。

另一个例子。他曾经给中国北方城市哈尔滨开出了一张巨额支票来帮助当地的学生。但是没有人知道这件好事，甚至他的家人也不知道。直到现在受益人显示支票图片以感谢他，我们才知道陈玮的无私奉献。

陈玮最令人难忘的冒险经历之一是他在2011年的环球飞行。在我家的书架上，我有一本由陈玮签名的《69天环游世界》。在过去的几天里，我再次阅读了这本书，并在他的惊险旅行经历中再次深受启发。事实上，在陈玮的纪念网站上，很多人就是因为他的旅行故事而感动。他的勇敢也启发了不少人，他们也开始学习驾驶飞机。希望有一天他们也可以在世界各地飞行。

陈玮的善行和冒险故事在世界范围内得到了广泛认可。来自中国驻美国大使馆、中国侨联和孟菲斯市的数百家机构、协会，以及湖南同乡会的朋友们都致函哀悼并献上鲜花，痛悼失去了这样一个模范领袖。

让我们为陈玮祈祷，愿他安息！我们也为他的家人祈祷，愿他们坚强！

孟菲斯华人社区永远不会忘记他的勇敢、慷慨和奉献，永远珍惜他暖暖的爱心，并记住他鼓舞人心的微笑！

作者简介 郁新华，出生于中国江苏，至今来美超过 20 年，以孟菲斯为第二故乡。目前是孟菲斯大学公共卫生学院教授，自 2015 年起，担任了大孟菲斯华人联合会的会长，负责组织每年的春节联欢晚会、中秋聚会和其他社区活动。

孟菲斯热情友好的使者

王　莹

他的远见和才能令人难以置信，
他的驱动力和敬业精神令人敬畏，
他阳光的笑容富有感染力，
他的慷慨回馈社会更令人钦佩不已。

华人春晚的热心支持者

我和陈玮一家的缘分始于2002年前后。

那是临近春节的时候，一群热心人在陈玮的莱克兰庄园开会，目的是商议如何庆祝中国农历新年，结果就是诞生了第一届孟菲斯的华人春晚。

会后，陈玮开船带了一大群与会者到湖上游览观光。

他作为大孟菲斯华人联合会（GMUCA）的创始成员之一，打开了家门，敞开了心扉，为了支助华人活动慷慨解囊，由此展开了一项史无前例的新篇章。大孟联（GMUCA）是致力于推广中国传统、服务华人社区并传播着多元性文化的组织。

从那一年开始，陈玮始终是每年大孟联春节联欢晚会的慷慨赞助商和热心支持者。无论他有多么忙碌，或者为繁忙的工作而奔波在世界各地，但是孟菲斯春节联欢晚会永远牵挂在他心中。

记得那年他帮助设计了我们的第一个春节联欢晚会的传单，当时我负责该活动的传播推广，和他一起共事较多。他对华人社区的热爱和他高效率的工作能力给我留下了深刻美好的印象。

那年第一次的春晚是我们孟城华人海外游子最激动人心的一晚，那天孟城有多少华人彻夜未眠。

18 年过去了，春节联欢晚会仍然是孟菲斯华人社区最大的年度盛事。2017 年和 2018 年连续登上《人民日报》海外版。

甚至来美的华人除了知道猫王之外，其次就是我们的华人团体历年来所举办的孟菲斯的春节联欢晚会了。

回馈孟菲斯的阳光企业家

成功的华人很多，但是像陈玮那样融入并被美国主流社会认可，积极参与公益懂得感恩、回馈社会的并不那么多。

陈玮毕业后一贯支持孟菲斯大学，并在福格尔曼商学院（Fogelman College of Business and Economics）国际 MBA 课程中设立了阳光企业奖学金。

他每年都与获奖学者、学生会面。在他的脸书上写着："非常聪明和令人印象深刻的学生。他们的故事使我回想起刚来美国的记忆。该奖学金计划彻底改变了我的生活，并在我最需要的时候给了我免费的教育。我希望我的奖学金也会改变他们的生活。"

2008 年，陈玮荣获福格尔曼商学院年度最佳企业家的称号。这也许是这个学院的最高荣誉奖。

那天我非常荣幸受陈玮邀请参加了校友午餐会，也衷心地为他骄傲和自豪。

但是那天最令我感动、至今难忘的是陈玮在台上的获奖发言，他感恩自己美丽的妻子伊莎贝尔（Isabel），说伊莎贝尔是博士，学历比他高，他得拜她为师。

然后他请他的父母站起来，把他们介绍给在场的各位来宾，万分感恩他父母的养育之恩。

当时，我坐在他母亲旁边，为她翻译，只见她热泪盈眶，感动、骄傲和自豪溢于言表。我感受到了任何做母亲最幸福自豪的一刻。陈玮是一个懂得感恩的孝子和朋友。

参与政治文化生活的使者

陈玮与我们的孟菲斯市前市长 A.C. 沃顿（A.C.Wharton）有着深厚的友谊。

记得很久以前，在中国客栈饭店Ⅱ（China Inn Ⅱ）的一次筹款活动中，我介绍他们相互认识。之后我和陈玮一起支持 A.C. 沃顿竞选市长。陈玮不仅是沃顿市长的支持者，也是市长过渡团队的顾问之一，曾和沃顿市长一起去中国访问。

沃顿市长无论他工作有多忙，每年春晚，他总会来玫瑰剧院向我们孟城的华人祝贺拜年。他是近三任市长中唯一那么热爱华人社区的老市长。

离任市长之后，沃顿在圣强德儿童研究医院（St. Jude Children's Research Hospital）工作，和陈玮一样，为圣强德儿童研究医院筹款。

陈玮还在孟菲斯五月国际艺术节（Memphis In May）组织中担任了近十年活跃的董事会成员，在 2015 年向波兰致敬时曾担任董事长，那年的孟菲斯五月国际艺术节是有史以来最壮观的一年。陈玮也是曾担任过孟菲斯五月国际艺术节董事长的唯一的华人。

那一年的国际艺术节，真是如歌如画的日子。下面是我在 2015 年 5 月 24 日的一个微信帖子以作纪念：

"孟菲斯五月国际节昨晚在雄伟的密西西比河河岸的日落交响音乐会中落下了帷幕。今年的五月国际节董事长是俺们孟村华人的骄傲陈玮总裁！他不但领导组织了整个五月节的各项活动，并且在飞行表演中大显身手。托陈总和村长之福（给票），昨晚全家和朋友伙伴们及很多孟城华人有幸在 Tommy Lee 公园现场亲身经历观赏陈总和其他高手驾驶进行高超特技震憾人心的飞行表演。精彩绝伦的日落交响乐演奏的指挥是华人陈美安女士。低沉、感人肺腑的“老人河”一曲是我的最爱。壮观的焰火表演也是在美所见的最棒的一次。天公又作美，一切完美无瑕！昨晚是第一次也是最后一次参加日落交响音乐会——见证日落交响乐 39 年历史在五月节的落幕。每当孟菲斯五月国际节之时，生活是如此美好（Life is beautiful when it is Memphis in May！）”

我是孟菲斯的

寻找治疗方案，拯救生命（Finding Cure，Saving Lives）是全球顶尖的儿童医院——圣强德儿童研究医院的宗旨。这个世界顶级医院的经费全靠捐赠和募捐活动，来自世界各地的患者和家属无须支付任何费用。

陈玮热爱圣强德，并且慷慨捐助。在他成为首位驾驶单引擎飞机绕地球飞行的中国飞行员的同时，他为圣强德儿童研究中心筹集了 25 万美元资金。他的慷慨捐助，给患儿及父母家人带去了希望，并且使治疗和战胜儿童期癌症和其他威胁生命的疾病成为可能。

陈玮在环球飞行时自豪地穿着他的“我是孟菲斯的”衬衫。他是孟菲斯热情友好的使者，也是我们孟菲斯城市的典范和骄傲。也许今后有许多中国乃至世界各地陈玮的粉丝们因为陈玮而认识孟菲斯。

Bookstock 是由孟菲斯图书馆主办的年度孟菲斯地区的地方作家节。旨在为地方作家推广作品提供平台，也为培养市民养成良好读书爱好，提倡终身学习，提高生活质量的大型活动。自 2011 年起，已经有十年的历史了。

2014 年 4 月，作为地方作家，陈玮和其他四十几位孟菲斯作家们参加了 Bookstock 并且作为孟菲斯真人真事论坛的嘉宾之一，讲述了他的《69 天环球飞行》一书。当天在观众席中还有美国众议院来自田纳西州的议员 Steve Cohen，另外还有几位孟城的华人代表来捧场支持。之后他进行了签书和留影。

在陈玮优秀、精彩、励志的一生中，作家又是他的一个难能可贵的标签。他也是第一位在我们孟城地方作家节（Bookstock）上作为论坛嘉宾的华人。

在一次与我丈夫 Jeff 的交谈中，他评论说写这中英文的两本书在某种程度上来说要比环球飞行还难。

《云上八万里：中国公民首次环球飞行》和英文版《69 天环球飞行》（*Around the World in 69 Days*）正是陈玮一生的写照。通过自律和专注实现了一个又一个 BHAG（Big Hairy Audacious Goal）宏伟、艰难和大胆的目标。

他的远见和才能令人难以置信，
他的驱动力和敬业精神令人敬畏，
他阳光的笑容富有感染力，
他的慷慨回馈社会更令人钦佩不已。
因此，我向一个美丽的灵魂，
一个勇敢的冒险者，
成功的企业家，
初出茅庐的作家
和 一个热爱生活，家庭的朋友致敬，
他在短短的一生中活出了如此辉煌有意义的人生。
我为有幸认识他而感到自豪和骄傲。
陈玮的两本书得到了很多好评：

“恭喜你完成了环球飞行。”联邦快递公司董事长兼总裁弗雷德里克·史密斯

“这说明，自律和专注可以产生何等巨大的威力。”Verne Harnish，《掌握洛克菲勒习惯》和《有史以来最伟大的商业决策》的作者

“阐述了一个伟大的冒险，‘如果你知道自己不能失败，你会尝试做什么？’”埃尔金·M. 隆（Elgen M. Long），环球人，飞行员，1971 年

献给陈玮的歌

2019 年 1 月 5 日，在陈玮的追思会上，在这个熟悉的每年春晚演出的孟菲斯大学玫瑰剧院的大舞台上，我和我们孟菲斯华人合唱团的团员们一起高唱《你鼓舞了我》这首歌。

用这首歌，献给我们的朋友陈玮，真是再恰当也不过了。

When I am down and, oh my soul, so weary;
当我失落的时候，噢，我的灵魂，感到多么的疲倦；
When troubles come and my heart burdened be;
当有困难时，我的心背负着重担，
Then, I am still and wait here in the silence,
然后，我会在寂静中等待，
Until you come and sit awhile with me.
直到你的到来，并与我小坐片刻。

You raise me up, so I can stand on mountains;
你鼓舞了我，所以我能站在群山顶端；
You raise me up, to walk on stormy seas;
你鼓舞了我，让我能走过狂风暴雨的海；
I am strong, when I am on your shoulders;
当我靠在你的肩上时，我是坚强的；
You raise me up… To more than I can be.
你鼓舞了我……让我能超越自己。

You raise me up, so I can stand on mountains;

你鼓舞了我，所以我能站在群山顶端；
You raise me up, to walk on stormy seas;
你鼓舞了我，让我能走过狂风暴雨的海；
I am strong, when I am on your shoulders;
当我靠在你的肩上时，我是坚强的；
You raise me up... To more than I can be.
你鼓舞了我……让我能超越自己。
……
怀念陈玮！
他卓越非凡、励志精彩、传奇的人生，
永远鼓励着我们！
追求梦想，回馈社会，活在当下。

作者简介 王莹（Wang-Ying Glasgow），从上海外国语大学英语系本科毕业之后留校英语系任教。1993 年从美国南卡罗来纳州大学的图书信息管理系硕士毕业。自 1994 年起至今的 26 年中在田纳西州孟菲斯城的公共图书馆系统担任专业图书管理员、分馆经理、部门主管等不同职务，目前管理图书馆系统的成人服务。在过去的 10 年中创建组织了 Bookstock，孟菲斯地区的年度作家节。王莹长期组织参与孟菲斯主流社会多元文化和非营利性机构的公益活动。曾经担任孟菲斯华人联合会的主席，热心服务于华人社区，为华人融入美国主流社会服务。王莹也是中英文口译人员，有长期的法律、医学方面翻译的经验。业余时间，王莹是一名网球、舞蹈爱好者。

爱的传递——陈玮陈江善餐关爱群记事

米粒儿

怀念一个人不仅仅是仪式，最普通的行动胜过一切的万语千言。

打开电脑，手指在键盘上游弋，真的不知从何写起。以往帮助过别人，只是单纯地默默地想帮忙，不想总结记录。这一次无法拒绝一个失去爱子的坚强睿智的母亲，无法拒绝她的要记录保留儿子生前身后所有事情的请求。就用这篇短文回忆下我们的 We are friends（善餐关爱群）的关爱过程，聊以慰藉。

一夜悲城

阴雨的 12 月 20 日，突然间失去我们孟城的将才精英、华人的骄傲，令圣诞节前的气氛一下子被悲伤笼罩。

孟城元老胡惠民当晚即成立了“陈玮陈江善后协调小组”，第二天晚上召集在老胡家开会商讨如何帮助两个因突来的意外而陷入悲伤的家庭。我本人得以参与其中，我想是因为我有一个超强的姐妹美食团（孟吃孟喝）做后盾。

陈玮、陈江的人品，对华人社区乃至整个孟菲斯的贡献，尽人皆知。

我们能做什么？关心关爱范围很大，我们能做很多事情。兄弟俩在世时为社区贡献大爱，在他们不幸离去后，就让我们从食品到陪伴这些点滴做起，尽最大能力帮助他们的家人。

姜芹马上成立了微信关爱群，到会的关爱群的几位朋友立即聚在一起商讨决定：由姜晴和丁盛直接负责两家的陪伴、协调和沟通，张青和王香娣负责送餐的具体事宜。

短时间内我们迅速做出表格排出一周为两家送餐的名单，每天分别有三个人为两家送餐，每位送餐者送两大盘饭菜再加水果。

群员由最初的二十几人最后增加到 74 人，还有一些没有加进群但是也参与了送餐的朋友。不光有女士参加，也有男士送餐，各家的老公也是帮助洗菜切菜准备，送餐到家。

每延长几天，表格就会被迅速填满，很多人排不上名字，都在耐心等待。经常是一个空位几个人报名，只好按照在群里报名的先后顺序来安排。

在孟吃孟喝群里不断有人在问“能不能帮忙”，一些节假日出门的朋友们也是抢着排上名单，一回到家立即做饭送餐。有一天，陈玮家的餐需要增加几天，消息一经发到群里迅速被排满。也有一些排不上队的朋友，直接买了食品水果亲自去看望。前后一共 17 天，完成了 100 多人次的送餐。

用一餐热饭温暖伤痛的心

不止要有饭，还要吃得可口——这可需要花心思。

每天送餐的三个人时时要在群里或者私聊协调送餐内容，尽量不重样，菜品搭配好。

细心的姐妹们还在群里提醒大家尽量从侧门送餐，避免按门铃打扰。三个送餐者经常合作让一个人送去，也是避免过多的打扰，有的送餐者都没跟家属打照面，将餐盘放在门口，带粥的还告知如何用电高压锅加热。临时知道家里缺什么立即帮助购买，哪怕一把香蕉、一袋橘子。没有抱怨没有计较，静听统一安排。

从送餐前问有什么忌口，到送餐后让陪伴的朋友观察他们爱吃与否，细微之处见真情。大家一直在关心与打扰之间寻找平衡，小心翼翼呵护着陷入悲伤的两个家庭，感人之处举不胜举。大家的送餐，不仅为两家逝者家属突然的生活变故提供了帮助，也让两家来自国内外的亲朋在悲伤的孟城吃上了可口的中餐。

孟城的好几家中餐馆也主动加入送餐队伍，不仅分担了给陈玮、陈江两家的送餐和节假日加送餐的任务，同时给另两个同机遇难的美国人家庭送去了关爱和近 20 人的节日餐品。在餐馆节日繁忙时间内做出善餐，没时间送餐时，群里一吆喝，马上有人应声帮助取饭送饭。甚至有一位群友忘记做米饭，临时在群里请求援助，一家餐馆马上回应：上我们餐馆来取。

温情在孟城传承

不光送餐，我们还主动请缨了追思会的志愿者的工作，签名和引导来访者。帮助孟菲斯大学的贾博士完成陈玮陈江追悼会花圈挽联（300 余条）的誊写、整理、悬挂、拍照存档。那两天大家都是下了班，不顾没吃晚饭及舟车劳累，直接赶来参加。

虽然多数人是用微信名称报名，在这里还是代表家属感谢所有合作的善餐参与者（微信网名）：莲花 / 丁盛 / 王征 / 松梅 / 廖佳 /Michelle/ 大明 /Daphne/ 米粒儿 / 奚卫林 / 腾妈 /Sertine/ 林波 / 赵霞 /Ying Yao/ 鑫玲 /Lin/ 非花 /Eatwell/ 冰冰 / Eidosee/ 徐萍 / 林艳萍 /Geli/ 木兰 / 马志军 /Stayyang/ 随缘而安 / 杨永茂 / 焦云 / 王静好 / 张青 / 迟立颖 /Jass Lin/Peng/ 余惠智 / 徐巧红 / 马昱枫 /June/Panda-Buffet/ 海燕 /pacific-fusion/J.W/Chunhua Guo/ 杜薇 / 花宇 /Willa/May/Sharon Yu/Ping Zhou/Gu Tao/ 关培红 / 宋春晖 / 保平 /yanlin Liu/ 雪花飞舞 / 龚素珍 /Xia Zhao/ 德莹 / 茉莉 / Yan Qin（还有一些参与了送餐或者帮助购物的朋友没有详细的记录，未列入请原谅）。

都说悲伤是一粒最难咽的药，但每一位送餐者都是精心烹调，将希望一起装进餐盘，望他们尽量吃下我们精心准备的饭菜，将悲伤也一点点冲淡。心在胃之上，暖胃即暖了心，我们希望用孟村人的最大热情来温暖两个家庭。在追悼会上，我们很欣慰地看到坚强的两家人，他们的身上定有大家关爱的力量。

流水般记录下这次送餐的点滴，却也有颇多的感悟。浮现在脑海的就是语出《孟子》的“与人为善”，原话是：“取诸人以为善，是与人为善者也。故君子莫大乎与人为善。”意思是带领别人一块行善是君子最重要的事情，亦说君子最高的德行就是同别人一道行善。

两种注解诠释了协调小组的组织者和所有的有爱心的孟村华人的善举，希望陈玮、陈江的奉献精神，和孟村人的温情在孟村传承。

我们爱孟村，以陈玮、陈江兄弟俩为骄傲，更骄傲我们有博大的社区精神——与人为善。

作者简介 米粒儿（王香娣）：来美 17 年，在田纳西州立大学做眼科基础研究。工作之余喜欢烘焙，而且愿意与人分享烤炉前的心得。

英才凡事

湘　音

世上无言可安慰，屏中有字尽悲哀；孟城今夜千家泪，同惜人间失俊才。

——蔡志强教授

2018 年，12 月 20 日，一个悲痛的日子。

47 岁的陈玮，生命定格在那一天。

孟菲斯是陈玮生活和工作的城市。那天，孟城华人圈叹息、悲泣、祷告刷屏；那天，孟城悲伤成灾、思念成河、一夜无眠；那天，孟城是一座悲伤之城……

蔡志强教授在孟村群写道：世上无言可安慰，屏中有字尽悲哀；孟城今夜千家泪，同惜人间失俊才。

众所周知，陈玮俊帅智商高，有胆有识有谋略；云上八万里，孟城首创有商翔；慷慨豪爽有爱心，他的英名传遍四面八方。

世人眼里的陈玮——就是传说中“别人家的孩子”，但乡亲们的眼里，陈玮就是那个邻家的孩子。同乡聚会，他积极携家人参与，遇见乡亲笑脸相迎，握手、拥抱。聚会中，夫妻俩纵情高歌，玩游戏把面粉吹得如云雾缭绕，用卫生纸将妻子朝晖裹得似粽子般，动作快而准赢了第一，玩得不亦乐乎！又记得元宵节老乡聚会，陈玮亲手将元宵一一送到老人桌上，还道着祝福的敬语；聚会中他就是那个趣点、亮点、亲和点。

陈玮幽默风趣开朗，大家也有目共睹。朋友私下聚会，他会不失分寸地调侃母亲佩姐的乌龙；他们母子关系亦亲亦友。陈玮是家中的长子，孝敬父母，义不容辞；他也是陈理的好兄长，弟弟的学业事业都帮着指引；陈玮是好丈夫，细心持家，夫妻互敬互爱，情意绵长；陈玮是慈父，三个美丽的女儿都是他的掌上明珠，不管事业多忙，也会参加孩子们的生日及学校的聚会。

陈玮身居海外，更爱家乡，每次国内家乡宾客来访，他都会热情接待，把盏言欢，乡音奉上。见证了成方园、陈思思、李锐及华艺慰问团等家乡贵客的到访，记得那年陈思思台上表演，邀请陈玮一起表演一曲《刘海砍樵》，他唱得字正腔圆，演得惟妙惟肖；还有那一声“锐哥”叫得，宾入如归，定格的那些瞬间，终成了永远的念想。

点点滴滴寻思念，字字句句存悲伤。见证陈玮在孟城生活的片段，镜头下，生活中，陈玮阳光帅气，幽默大方，发自内心的笑容都写在脸上。至今不曾想象陈玮远离家人朋友老乡去了天堂，只以为他在出差，仍在飞翔。回归现实，翻看定格的过往，那能装下整个世界的双眼，却装不下一滴眼泪，早已热泪盈眶……

陈玮在乡亲们眼里既是邻家的好儿男，更是华人之光！

作者简介 湘音（徐巧红），湖南人，现居美国田纳西州。孟菲斯湖南同乡会创立及现任执委，摄影爱好者，是陈玮家在孟菲斯的资深老乡。

▶ 陈玮和好友方剑锋先生 2018 年摄于航空俱乐部的飞行活动

▶ 陈玮与好友范雁佳先生 2018 年相约快乐飞翔

拿到 Airline Transport Pilot （ATP）的飞行驾照

与好友熊猫姐姐合影

与世界第一飞人迪恩波特合影

与环球飞行的张博合影

参加 Oshkosh 飞行大会

▶ 海之龙 Forum Retreat 活动

▶ 陪父母拉斯维加斯之旅

与张祥华、李冀等摄于思凯俱乐部第一次活动

YPO 哈佛商学院企业家 MBA 项目

圣诞节扮成圣诞老人送惊喜

与好友 Bo Cerven 一起在洛杉矶机库举办思凯飞行俱乐部交流活动

和朋友在喜马拉雅山上品尝最贵的汉堡

马尼拉空中之旅

和好友们在巴菲特投资的家具店与创始人家族合影

在巴菲特投资的家具店与创始人合影

欧阳源远第一次与师傅陈玮见面

YPO 会员哈佛商学院 MBA 项目（1）

YPO 会员哈佛商学院 MBA 项目（2）

在机库举办的慈善之夜与好友猫姐和 Eddie Chen 乐捐资助清寒学子

与美国大师赛最年轻选手 14 岁高尔夫神童关天朗 PGA Tour

欧阳源远和陈玮以及好飞友 Chris 一起在孟菲斯飞战斗机

加拿大《星岛日报》报道陈玮的环球飞行

与好友及家人考察洛杉矶项目

➤ 和弟弟陈理摄于智利

➤ 与合伙人青木 Elena 在巴菲特旧居合影

➤ 与欧阳源远试飞战斗机

▶ 参加巴菲特年会传统项目 5 公里竞跑

▶ 与猫姐、周宁、张青、刘萍、王宁等一起乘坐公务机参加巴菲特年会

与父母和欧阳源远在 TMB700 前合影

思凯航空在洛杉矶首航活动

与好友夏小军乘坐公务机飞往犹他农场

陈玮和挚友 Dr. Orlando Ly

合伙人合影

和 YPO 企业家朋友们于西安大唐不夜城

与好友王文明等在洛杉矶机库中留影

陈玮在阿富汗

与猫姐合影

在拉斯维加斯庆祝拳王邹市明获得金腰带

与好友周培良、方剑峰和杨中元参加思凯飞行俱乐部活动

图片编辑 / 赵倩

PART 6

永远的纪念：天空了无痕迹，可是鸟已飞过

综 述

永远的纪念：天空了无痕迹，可是鸟已飞过

张家卫

陈玮，是一个亦师亦友的人，是一个自带光芒的人，是一个让人无法将他忘怀的人，也是一个将理念和精神印在无数人脑海中的人。

他是海外华人的骄傲，曾有人这么评价他："陈玮是一个独一无二的中国人，他在美国商政界所成就的高度，很难被人再复制。"

他以一个普通留美学生作为起点，用不懈的坚持和梦想，让自己取得了令人瞩目的成就。除了那些耀眼的光环之外，他还有很多不为人知的事迹，因为他的离世才让我们认识了一个更立体的陈玮。

庹铁舰、欧文（欧阳源远）是认他为师的年轻一代，陈理是他的亲兄弟，Mike McAnnally 是他培养的公司高管，阅读他们的缅怀文字，是一种感动，更是一种释然。

陈玮以他仅仅 47 年的人生，不仅仅让这些年轻人得到了人生旅途中最重要的相助，更是把自己的理念和精神以润物无声的方式传递给他们。因此，陈玮并没有离开这个世界，薪火相传，我们记住的不仅仅是他的音容笑貌，更多的是他的理念和精神，让我们感受到平凡中国人的伟大，懂得了伟大并不简单地属于伟人，而是属于那些将光芒洒下人间的普通人。

庹铁舰说：“ 作为环球飞行的中国第一人，作为一个自律到极致的领袖，作为一个深谙美国文化的土生土长的中国人，陈玮大哥已经收获了无数中国人和美国人的钦佩，但他从未满足过，仍然在不断挑战，想要征服新的高峰。他，是我值得用一生去追逐的榜样。”

欧阳源远写道：“还记得当时他跟我说：‘如果能有越来越多的年轻人像你一样去实践对飞行的热爱，那我们中国的航空文化有朝一日也能像美国一样遍地开花。你要好好做！’这句话我一直记到今天，并且在他离开后的日子里想尽办法去实践。”

陈理写道：“您让我开始重新思索生命的意义：‘并不是生前创造了多少价值与财富，而是生后帮助了多少有需要的人和有多少人在您走后仍愿意发自内心地来传递您的正能量和自强不息的精神。’”

Mike McAnnally 是地地道道的美国人，在陈玮的追悼会上，他的悼词中最多出现的词语是“他教会我的……”。我们都知道，在美国人的文化中，除了上帝之外，甚少会直言信奉谁，他是陈玮让他懂得了“信念”。

他说：“虽然他已经离去，却教会了我关于信念的事。现在，比以往更甚，我们必须寄信念于上帝和他的安排。”

泰戈尔的散文诗《萤火虫》中有这样一段诗句，原文是：“I leave no trace of wings in the air，but I am glad I have had my flight.”

用中文说，就是“天空了无痕迹，可是鸟已飞过”，陈玮用自己的生命诠释了这一段著名的诗句。

陈玮曾经教我的……

麦克·麦卡安纳利（Mike McAnnally）
译者：Dr. Orlando Ly

人的一生充斥着各式各样的恐惧，而正是恐惧让我们变得如此难以改变！但这也是我会将陈玮称为非凡之人的原因。他有着一切事情最终都能够被解决的信念，并不会因为事情不如他所愿就感到沮丧。唯一能让他感到不满的，大概只有当他注意到你还没有尽自己的全力吧。

我到底该用什么样的词来形容陈玮才最恰当呢？

如果只能从中挑一个的话，我一定会选“富有冒险精神”。因为这个词可以用来概括他生命的方方面面。从飞行，到旅行，再到事业上，他总喜欢找一条鲜有人踏足的道路去探索。

他从未畏惧过尝试新鲜事物。

他对我这辈子的影响是不可估量的。其中，他所教会我的一件事就是“学无止境”，我觉得这对于今天在孟菲斯大学堂里的我们来说，也是再合适不过了。

我这辈子最大的遗憾之一就是当年放弃了大学的学位，但陈玮对待我的方式总能让我觉得那并不是什么需要在意的事。他给予了我极大的信任，将他的公司托付于我，也因此，我对他感激一生。

我还记得刚开始跟陈玮一起工作没多久，他就引用厄尔·南丁格尔的话告诫我，“每天在你选择的领域学习一小时就够了。每天一小时的学习将使你在三年内成为你所在领域的佼佼者。五年内，你将成为国内的权威人士。七年后，你就能成为世界上最优秀的人之一。”

更重要的是，他还教会了我，如果你自身不愿意做出任何改变的话，那么单单学习这件事就会变得毫无意义。

我不得不提从他身上学到的最后一样东西——信念。这是我最近才从陈玮身上收获到的一个教训。虽然他已经离去，但他教会了我关于信念的事。现在，比以往更甚，我们必须要寄信念于上帝和他的安排。

与信念相对的，则是恐惧。不幸的是，人的一生充斥着各式各样的恐惧，而正是恐惧让我们变得如此难以改变！但这也是我会将陈玮称为非凡之人的原因。他有着一切事情最终都能够被解决的信念，并不会因为事情不如他所愿就感到沮丧。唯一能让他感到不满的，大概只有当他注意到你还没有尽自己的全力吧。

在我告诉你们最后一件陈玮教给我的事之前，如果我不提一下陈玮到底有多么为他的公司感到骄傲，那么我对他的叙述一定是有失公允的。他不仅仅骄傲于我们是一只强大的团队，在那之上，他更为我们组成的大家庭感到自豪。

现在，让我们回到最后一条我想分享的陈玮教给我的事！那是去年早些时间我与陈玮碰面时的事了，他提醒了我通过聆听获取的知识的力量。他还提醒我——当你开始觉得自己是整间屋子里最聪明的人时，那反而说明你不是。

在事故发生后的一天晚上，在开车回家的路上，我和一名同事回忆起陈玮教给我们的点点 滴滴。那时，我不禁想到我们公司的目的，那是我们经过多年的寻找，终于在 2018 年 12 月 18 日会议上讨论出来的结论：

“我们要提高我们的员工、客户，甚至行业，让世界得以安全地建造和维护。”想到这些的那一刻，我突然感到非常的谦卑。因为陈玮的逝去，帮助我们发现我们公司真正的意义。

比起我自己，陈玮的逝去对于他身边所有人（包括我自己）的生活的影响要大很多。他给我的最终的教训就是要谦卑，而这个事实实在是让我感到惭愧。

所以，为了陈玮，我要给你们所有人留下这条信息：请为别人的生活带来一些改变。

又为了纪念陈玮，我将会给在座的所有领导者一个挑战，无论你是正在领导着你的孩子、你的公司，或是你的社区，请不断学习，挑战自己，确保明天的自己会比今天的自己更好。

更重要的是——请记得回报社会，就像陈玮一直做的那样。

作者简介 麦克·麦卡安纳利（Mike McAnnally），现任商翔公司总裁。

译者简介 Dr.Orlando Ly，中文名黎乾元，家住田纳西州。陈玮异父异母的亲兄弟！跟陈玮相处 20 多年。是一位针灸医师，因为工作忙碌，从来无法接受任何的应酬，但是只要是陈玮的邀请，就从来不会说 no！

我人生路的导师

庹铁舰

他从一个我未曾达到过的高境界角度的分析和对未来判断的笃定，令我如获至宝。在我的眼中，陈玮大哥就像拥有无限能量不断发光发热的太阳，而我作为一棵小小的向日葵被他的人格魅力深深地吸引。

2018 年 12 月 20 日，这是一个将会被我永远铭记的日子。陈玮大哥和陈江大哥，这两位我生命中最崇拜的人，就这么突然永远地离开了我们。

我到现在都还清晰地记得当时的情景。那天的天阴沉沉的，仿佛也在预示着什么，我和往常一样正在办公室里处理着邮件。突然，我们公司的前台来到了我的办公室，问我有没有办法联系到陈玮大哥或者是陈江大哥。

见我感到非常疑惑，她赶忙解释，是因为当地的新闻电视台给我们公司打了一个电话，问我们是否知道些什么关于陈玮大哥的事，而她已经试着联系了一下陈江大哥却没有任何人接电话。根据原定的计划，这个时候他们应该差不多已经在孟菲斯的一家小机场降落了。

在吩咐完她告诉电视台“无可奉告”之后，我立刻开始逐一尝试拨打陈江大哥、陈玮大哥，最后再是嫂子的电话。最终，嫂子的电话接通了，接电话的人不是陈玮大哥的妻子，而是他的大女儿陈伊宁，我到现在都还可以清楚地回忆起她那带着颤抖的声音，“My dad’s airplane crashed after taking off… And I think John is on that Plane as well...”［我爸爸的飞机在起飞后突然坠机了……而且我想 John（陈江大哥）也在飞机上。］

在听到这句话的那一刻，我整个人的大脑一片空白，因为我怎么样也无法接受这个突如其来的消息。陈玮大哥，那么经验丰富的一个飞行员，驾驶着他熟悉的飞机，怎么会突然出现这种事？一开始我还抱有侥幸，说不定只是一次比较惊险的着陆，陈玮大哥一定会像他以往挑战过的各项极限活动后一样，站出来跟我们说，这是一次比较惊险的经历，但是我们没事。

随着之后更多的消息被报道，我甚至驱车赶到了陈玮大哥原计划将要降落的机场亲自询问他们，我才不得不艰难地接受这个事实：我心目中那个伟岸的巨人，就这么突然地离开了这个世界。

生命中的贵人

我第一次遇见陈玮大哥应该是在 2011 年大三的寒假，当时的我正纠结于大学毕业后出国留学的方向。

一方面，我大学所就读的专业是和澳洲八大之一的学校合办的，所以我已经适应了澳洲的教学风格；另一方面，大二的时候，我参加了一个来自英国留学机构的讲座，听说了在英国留学的优势。然而，此前我从未考虑过赴美留学这一选项。

机缘巧合之下，父亲的至交好友陈玮大哥恰好过来拜访。在有幸与陈玮大哥单独交流的过程中，我们聊了不同的话题，但最令我印象深刻的还是，他在了解了我当前对英国和澳洲的考量后，提出了他自己对于当前世界格局的看法和对未来方向的预测——中美才是未来世界贸易的中心。同时，他还向我介绍了他在孟菲斯大学赞助的国际工商管理（IMBA）项目。

他从一个我未曾达到过的高境界角度的分析和对未来判断的笃定，令我如获至宝。之后的几天里，我都在反复咀嚼跟他聊过的内容。最终，我推翻了之前的所有计划，做出了要来美国深造的决定。再之后，一系列的出国留学考试，学校申请，最终来到孟菲斯就是后话了。

人生岔路口上的指引

2014年是我人生中另一个重要的岔路口。

当时的我经历了两年孟菲斯大学IMBA专业的学习，即将毕业。在我面前有两条路：一是像我大部分同期毕业的大学同学们一样，直接回国找工作就业；二是在美国的职场上磨炼自己一番，带着在海外工作过的经验再回国。

而在美国找工作这个选项下面，还有着到底是选择去大公司当一颗螺丝钉，但是有着更好的待遇和就业背景；还是去小公司当一个万用的救火队员，但是能承担更多的责任，更快积累各个方面的工作经验。

在这个纠结的关头，我鼓起勇气来到陈玮大哥面前："陈玮大哥，关于未来出路的问题，我能和您聊一聊，听听您的建议吗？"我很清楚陈玮大哥平常的行程是多么的紧凑，所以并不敢奢望他能分给我太多的时间，但没想到，他只是稍微思考了一下，便点头说道："好的，那我们今天下午就去孟菲斯的谢尔比县公园吧，边走边聊。"

在那天下午的两个多小时里，我们沿着公园最长的小路走了整整一大圈，一路上，我们聊了很多，但其实更像我在采访陈玮大哥的人生经历，进一步了解他的理念。从他当初为什么会来到美国，到赚取第一桶金，再到一步一步建立起自己可以放手让其自主运转的企业。我到现在为止，印象最深的还是他说过的："价格战是没有出路的。我建立的公司绝对不要陷入价格战的泥潭，因为永远都会有人比你的价格更低。我们必须找准自己的定位，抓住客户，以优秀的质量让客户认可我们，做到同样的价格，我们的质量要更加优秀；质量更加好的竞争对手，价格比我们要高，只有这样我们才能在美国市场上站稳脚跟……"

在当时的我的眼中，陈玮大哥就像拥有无限能量不断发光发热的太阳，而我作为一棵小小的向日葵被他的人格魅力深深地吸引。最后，在离开公园的路上，我下定决心，向陈玮大哥申请了面试商翔公司的机会。就这样，到今年 2020 年，这已经是我在商翔公司工作的第六个年头了。

其实，在我向陈玮大哥寻求建议的时候，对他来说也是一个更加了解我的机会。在商翔公司工作的期间，我有幸能够时不时地得到他的指点。虽然陈玮大哥非常忙，但他仍然不吝惜自己的时间，只要有机会总会愿意和我聊上几句。

不过值得一提的是，他是一个非常严格的人，无论是对自己还是对他人，我很少有机会听到他的赞许。出乎意料地，他在 2018 年公司年会的那个晚上对我表达了认可，“小庹呀，你知道吗？这么多年来，想要来我们公司上班的人很多，可我最终同意的寥寥无几。这些年你做出来的成绩有目共睹，已经得到了公司同事们的认可。但是当年让我决定同意你来公司上班的，其实是你跟我的那几次单独会谈。人一生中难免会遇到迷茫的时候，但是敢于把这些问题提出来，以一个谦虚的态度求教，这是你一个非常大的优点。”作为陈玮大哥最后给我的肯定，这个优点，相信我会一辈子都保留下去的。

站在巨人的肩膀上

随着对陈玮大哥认识的加深，他对我来说有时候更像一个严厉中带着温柔的长辈。

还记得初出国门，刚到孟菲斯的我，曾感叹世界之小，只要一天的时间便已经到达地球的另一端；同时也为四周陌生的环境感到紧张不安。仿佛能体会到我的心情，虽然陈玮大哥平时大部分时间都很忙，但是只要有机会，他便会和家人们一起带上我去体验各种不同的新鲜项目，增长我的见识。

在这个举目无亲的海外，我要多么的幸运才能得到这种亲人般的照顾。要知道，我与妻子在孟菲斯大学开始相识相知，到交往，最后结婚，这整个过程中，我的父母仅在视频上见过我的妻子几面，但他们还是愿意支持我的决定，其一是因为对我的信任，其二则是因为陈玮大哥对她的认可。

2015 年 5 月 20 日，是我与妻子的结婚纪念日。当初为了赶上这个特殊的日子，我们在10天之内匆忙完成了所有婚礼的准备工作。因为时间安排得非常紧凑，虽然告知陈玮大哥，但我不敢抱有任何期待。出乎意料地，陈玮大哥当天居然特意挤出时间，从洛杉矶自驾小飞机飞到了拉斯维加斯，给我这一生中最重要的时刻送来祝福。这种不是亲人，却胜似亲人的关照，我此生难忘。

人们曾说，人的一生之中，如有贵人相助，则能一帆风顺、水到渠成。回想起自己赴美之后的点点滴滴，在陈玮大哥的庇护下，我得以更加安心、快速地成长，他就是我生命中的贵人。

妻子曾经对我说过这样一番话，直到现在我都记忆犹新。“我觉得你真的要非常感激陈玮大哥，因为我突然意识到，如果不是认识陈玮大哥，其实很多体验都跟我们无缘，至少是现在的我们绝对没有机会接触到的。”

这实在是再准确不过了。如果不是因为陈玮大哥，我想必到目前为止是绝对没有机会接触到私人飞机，甚至是战斗机的吧。更别说被邀请坐小飞机去到美国远离喧嚣的小镇，体验美国纯正的乡土人情。

回想起之前经历过的种种，坐着雪上摩托竞速，在缆车上观察黑熊，或在白雪皑皑的雪山脚下滑雪，等等。这一切的一切，对我来说仿佛是提前了几年甚至几十年去体验有些人或许一生都没有机会的经历。我是要有多么的幸运，才能得到这种站在巨人的肩膀上看世界的机会。

遥不可及的榜样

有幸成为公司里唯三的中国人之一，我得以近距离观摩、学习陈玮大哥的工作方式。作为华人老板，在美国这片土地上，陈玮大哥能收获所有员工的敬佩，让整个公司在他不需要过多监管的情况下依然运转自如，这其实是非常不容易的。

当你越多的了解陈玮大哥，就越会被他做事情的态度所吸引。他曾经跟我分享过一个他自己深信不疑的理论，“永远不要一个人吃饭。”（Never eat alone.）在这背后隐喻的是强大的自律，管理好自己的时间，让自己的每一分每一秒都过得更有意义、更有价值。

在我的记忆里，他总是以高度集中的注意力，用最有效率的方式完成一个接一个的计划。他拥有着强烈的信念，并且能持之以恒地向着目标一步一个脚印。哪怕是和家人一起在外面度假，一起娱乐时，他会认真地享受这段时光；可一旦有空闲下来的时间，他不是在工作，就是在闭目养神，恢复体力。毫不夸张地说，他过一天能抵上普通人的两到三天。

陈玮大哥另一个最具魅力的地方，就要数他的演讲了，这一点是得到了全公司同事的一致认可。每年公司的年会期间，我们都会请一位有名的演讲家来为我们演讲。这些演讲家都能给我们带来不同的体验，然而，每年要数我们最期待的，还是陈玮大哥的演讲。因为他讲话的内容，要更加贴近我们的生活。陈玮大哥总能用通俗易懂的方式，把他在一年里收获到的经验和最有价值的内容与我们分享，时而激励我们要走出“舒适区”，时而引导我们透过现象看本质——“成功的公司都有一个共同的特点，那就是使我们的生活更加方便”。只要你仔细品味，有时他不经意间的一句话，就能带来意想不到的启发。

在陈玮大哥逝世后，我记得曾有人这么评价他。“陈玮是一个独一无二的中国人，他在美国商政界所成就的高度，很难被人再复制。”作为环球飞行的中国第一人，作为一个自律到极致的领袖，作为一个深谙美国文化的土生土长的中国人，陈玮大哥已经收获了无数中国人和美国人的钦佩，但他从未满足过，仍然在不断挑战，想要征服新的高峰。他，是我值得用一生去追逐的榜样。

时不时地，我会在深夜里没由来想到，如果我这辈子没有遇到陈玮大哥，我现在又会是在什么地方？做着什么样不同的工作呢？

可是人生并没有如果，我很庆幸这一路走来的选择，也非常感激陈玮大哥给予我的这一切的机会。作为我生命中的贵人、人生路的导师，我向您学习了很多，但只可惜我再也没有办法接受您的检阅了。直到今天，我还是很难接受陈玮大哥已经离去的事实。在我眼中，也许他只是飞到了一个我们看不到的高度，我们终究会有再次相聚的一天！

谨以此文纪念我记忆中的陈玮大哥。

作者简介 庹铁舰，湖南人，毕业于孟菲斯大学 IMBA 专业，就职于陈玮美国公司 Sunshine Enterprise（商翔实业），现担任供应链经理。

拜师三年

欧阳源远

跟着师傅的三年，我经历了许多自己从未见过的事情。我见识了陈玮的不同侧面，这帮我确立了自己的目标和努力的方向。

最早认识陈玮先生是在湖南卫视《快乐大本营》的节目上，当时作为热爱飞行的还在上大一的我来说，陈玮先生环球飞行的事迹让我心中充满着敬畏。从未想过有一天能与他朝夕相处长达三年的时光。而现在，回想我与师傅一起的三年，仍有许多闪光的日子不曾忘怀。

2015 年 4 月 22 日

这是我第一次与陈玮先生在现实生活里碰面，经师傅的弟弟陈理与家中表舅介绍，我第一次登上了师傅完成环球飞行的 TBM-700 型飞机从旧金山飞往洛杉矶。

这是我第一次坐在涡轮螺旋桨引擎的驾驶舱里，问东问西。师傅特别耐心地解答并对这架与他并肩飞行 4 万里的飞机如数家珍。

当时我还是一名创业做飞行体验服务的大学生，正当创业过程中最为艰难的起步阶段。还记得当时他跟我说："如果能有越来越多的年轻人像你一样去实践对飞行的热爱，那我们中国的航空文化有朝一日也能像美国一样遍地开花。你要好好做！”

这句话我一直记到今天，并且在他离开后的日子里想尽办法去实践。其实那时候，我就特别崇拜他的创业家精神以及飞行探索精神。

我在下飞机前跟他说：“如果能当您的学徒就好了。”当时师傅并未回应，两年后当我们再聊起这件事情时，他说：“当时我觉得你就在开玩笑，而且我一想，自己都忙得要死，还得带个徒弟，多累人。”

2016 年 1 月

在创业的第二年，自己也从单单做飞行体验到成功卖出了两架小型私人飞机给到中国某飞行学校。

这期间，我感受到了国内通用航空业发展的势头以及一些浮躁的情绪。

当时我就在想，如果能与陈玮先生这样一位热爱飞行又非常有实力的实业家一起做通用航空的生意，那一定可以更加纯粹而不为短期利益地去让更多人了解飞行。

最终，我鼓足勇气给陈玮先生发了一封长邮件。表达了我对未来通用航空发展的一些畅想以及自己在创业过程中遇到的问题，也试探性地问了一下，能不能跟着他干航空。

其实我从未期待他能回复，但让人惊喜的是，两天之后，他回复了我。邮件里只有非常简短的一句话：“如果你想干，就来洛杉矶吧。”

也就是这句话彻底改变了我在美国的道路，同时也让我有机会真正地了解陈玮先生真实的生活。

2016 年 2 月

其实估计陈玮先生自己也没想到，他邮件里简短的话我会当真。

说实在的当时放弃旧金山刚稳定下来的一切，只身一人去洛杉矶重新开始，对我来说实在是一个巨大的心理和现实挑战。

但跟父母商量之后，他们跟我说，不要管得与失。跟在陈玮先生身边做事，一切就非常的值得！

而事后证明这是我这辈子做的最正确的决定。所以我在跟旧金山的家人朋友道别之后，一辆面包车装着行李，就出发一路向南 900 公里来到了天使之城洛杉矶。

2016 年 4 月

其实到了洛杉矶之后，我一直忙于飞行训练以及在新的城市安顿下来。陈玮先生那段时间也正好比较忙。

两个月之后，有一天他跟我说，要不要去孟菲斯跟他一起飞战斗机。

我一听到这个真的是兴奋得一晚上没睡着。然后我就订了机票向自己从没去过的孟菲斯进发了。

然而不幸的是，在去的路上我需要在德州转机。而德州正好遇到了那年最大的一场飓风。整个机场都关闭了，并且原定要转机的下一班航班也因此取消了。看起来，我不可能在第二天 11 点准时赶到孟菲斯了。

但那时候我拿出了手机打开地图，查了一下孟菲斯离德州大概 1400 公里，我算了一下，如果当下开车出发，说不定我可以赶到。便走向租车公司跟他们说："Please get me anything with four wheels."（给我一个四个轮子的玩意就行）便开车上路了。

在狂风暴雨中开了一整个通宵，第二天早上 10：30，我居然安全地抵达了孟菲斯跟师傅约定的机场。他十分惊讶。

我们特别开心地飞了一次他收藏的战斗机，回到洛杉矶之后我们就正式开始讨论起项目的事情了。后来他跟我说，也就是因为那一次我不顾一切地准时到达了孟菲斯，他觉得我的的确确对于航空是有热情的。

2015 年 5 月

感觉影响深远的大计划一般是在小咖啡厅里讨论出来的。我和师傅陈玮也是这样。

包括跟师傅一起做的公务机运营公司。

师傅跟我说，其实他本来也对从事通用航空业很有兴趣，但是一直没有找到合适的人。所以我来了之后觉得这个计划是可以实施的。

于是，我们就开始规划整个项目的形式。我们的想法是先使用师傅自己的飞机以及他在私人航空领域的关系网现成的飞机资源，推广包机业务，重点拓展在国内来美以及美国本地华侨的市场。

我们的想法是，师傅的生意本来就涉及房地产以及豪宅改建，所以加上公务机运营这个类目之后，更能让客户来美之后在出行方面有更好的体验。

2016 年 10 月，我们第一次于洛杉矶 John Wayne 机场开始了推广活动。当时停机坪一下子涌入了上百人，整个机场的工作人员都没有见过这种景象。

来的人中有许多人是有这方面消费能力的，只是他们之前从来都没有想过自己的出行可以以这样一种形式去实现。对于这些突如其来的客人，机场方面也是又惊又喜。长期以来，许多的华人即便在美国居住了很多年。依然不知道也不了解原来一座城市除了正常的民航机场，还有如此多的私人机场可供他们出行。

这样一场活动，也在华人圈子里产生了一定的影响力。

同年 11 月的世界拳王锦标赛邹市明先生在拉斯维加斯夺得大满贯的那一场，有好几位当时来到活动的朋友就一起跟师傅包了一架公务机飞过去为邹市明先生加油。

那一场比赛过后的庆功宴，我也是第一次跟一位之前只能在电视中看到的奥运冠军如此近距离地接触。

其实跟着师傅的三年，我经历了许多自己从未见过的事情。

2016年11月

感恩节和圣诞节都是美国很盛大的节日，这一年的这两个假期我也是第一次与师傅以及他们一家度过。

我跟师傅的爸爸妈妈一起开着TBM-700型飞机往孟菲斯飞去，中途在德州加了油，也就继续向东了。

师傅有三个可爱的女儿，如果说男人永远长不大，长大的只是他的玩具，那么这也是我第一次了解到师傅的童心。

他会跟自己的女儿们一起在很多沙子的游乐场里玩耍并且去挑战那些其实十几岁小朋友才爱玩的项目。

节后我们一起去了新奥尔良参加YPO的会议，也就是在那时，我才第一次了解到原来师傅第一家做建筑手脚架的公司Sunshine Enterprise基本上每个月他只去两三次。这也大大超乎我的想象——让我明白原来只要公司的制度设置得好，企业家其实可以有越来越多自己的时间。这也变成了我日后的目标，也是我目前一直努力的方向。

作者简介 欧阳源远，陈玮徒弟；航空科普博主：飞行员欧文讲故事；安阳工学院飞行学院顾问专家；河南省航空业协会专家；固定翼/直升机飞行员。

活过三倍人生的勇士

姜 晴

森林里分岔两条路，我选择了人迹稀少的一条，于是，一切都截然不同了。

——陈玮

陈玮的自传体纪实文学作品《云上八万里：中国公民首次环球飞行》以美国诗人 Robert Frost 的这首诗开篇。这也能够概述他的一生——人迹稀少，却这边风景独秀；旅途短暂，却活出了生命的宽度。

在此，我仍然想为读者讲述当年的一幕，虽然流淌着悲伤，在这世界对陈玮的不舍中，我们能够一瞥陈玮留给这世界的是什么……

时间：2019 年 1 月 5 日星期六上午 10 点。

地点：能容纳 2000 多人的孟菲斯玫瑰大剧院。

熟悉和深深懂得陈玮的来自加州的优秀投资人 Philip Power 先生在追悼会的开场再次提起这首属于勇士和思考者的诗句，它似乎昭示了陈玮与众不同的人生命运。

陈玮走了，2018 年 12 月 20 日至今的孟城是一座悲伤之城。

没有在孟菲斯地区生活过的华人也许无法理解这里的人们对陈玮的敬爱。

这 10 多年来，大孟菲斯地区的华人社区的发展和建设是全美最优秀和高效的华人社区之一。而这一切成就的背后都离不开一个人，陈玮先生的鼎力支持。

大孟菲斯华人联合会主席郁新华在追悼会的发言中一再提及陈玮先生以他充满个人魅力的企业家情怀和无条件的爱心奉献对当地华人社区及美国社会所产生的巨大影响。

与会者谈及他多次为世界著名的白血病慈善研究治疗组织 St.Jude 儿童医院募集善款。

最著名的一次就是陈玮先生 2011 年实现的第一位华人环球之旅；谈及他不忘初心，多次在中国寻找机会设立工厂，为中美经贸交流发展做出了重要的贡献；谈及他热爱并追求的飞行梦想，以一己之力大大推进了中国通用航空事业的发展；谈及他一个个永不言败的商业奇迹和慷慨无私的奉献精神……

人们试图用这些鲜活的回忆还原一个真实的陈玮先生给所有不舍他的亲朋知己，听者无不动容。

即使你参加过很多追悼会，这次依然会是最能撞击心灵的一次。陈玮先生用他浓缩的 47 年的彩色人生诠释了“梦想，激情，追求卓越，大爱无疆”，如此等等，这些在庸常的生活中人们无法真正理解的词汇。

从 1 月 4 日陈玮遗体告别的现场到 5 号的追悼会会场，现场数以百计来自世界各国各界商会、侨联、名士、亲朋的花圈、挽联，和无数从世界各地赶来送陈玮最后一程的人们脸上无尽的泪水，所有的一切，都是看得见的哀思。

而看不见的是人们对这位孟菲斯的优秀华人企业家、社区的幕后英雄、有情怀的慈善家、出色勇敢的飞行员，也是父母和家庭的中流砥柱，心底深深地惋惜和敬爱。

中国驻美大使馆、中国侨联、孟菲斯市政府发来唁电；Wharton 先生、Robert Pittenger 先生、媒体演讲家和畅销书作家 Verne Harnish 先生以及陈玮的生前好友、商业合作伙伴均出席并在追悼发言和数百名从世界各地赶来的陈玮的亲朋好友一起悼念他短暂却精彩的人生。

5 日晚，孟菲斯当地的朋友们亦在美国企业家、陈玮好友 Jim Baker 先生的支持下举行了另一场对陈玮先生的追忆活动。每个人都期冀这多日的悼念追思活动能够聊以慰藉社会各界更多敬爱他的人们久久悲伤的心灵。

全球青年企业家总裁 Scott Mordell 在追悼会发言的最后说，玮的 47 岁是一名无畏的勇士的 47 岁，他其实已经活过了三倍寻常人生。那是一种飞得更高更远更广阔的人生。

作者简介 姜晴，旅美华人，曾任记者、主持人，就职于美国财富 500 强企业康明斯公司多年，现为居家主妇，自由职业者；在美国孟菲斯市居住多年，与陈玮夫妇是相识多年的老友。

兄弟心中的陈玮

陈　理

“一个人的伟大，首先是灵魂的伟大，其次才是才华的出众以及取得的成就。”纵观哥的一生确实是经历丰富和精彩，而他的优秀也是体现在各个方面，但我认为他高贵和伟大的灵魂才是引导他取得这么多利人利己成就的原动力。

“陈玮的弟弟”，我是从小被贴着这样的标签长大的。

哥的正能量和开拓精神给我很多引导，我也一直希望能成为哥哥这样有担当、有作为、有社会责任感的领袖式人物。

在哥哥身后，还有这么多好朋友怀念他作为朋友和兄弟的深情厚谊，作为积极融入美国社会和在美国传播中国文化的典范，和作为成功人士所承担的扶贫济困的社会责任，这些更是我没想到的。

哥哥一生背负和完成了太多常人无法想象的使命，也让我开始重新思索生命的意义：并不是生前创造了多少价值与财富，而是生后帮助了多少有需要的人和有多少人在您走后仍愿意发自内心地来传递您的正能量和自强不息的精神。

也许就像西来寺慧东法师开悟的，您是菩萨化身，在完成自己的使命后回去了，而我也希望在您的护佑和感召下能继续保持做人的初心和尽力帮助有需要的人。期望来世有机会再与您做兄弟和能像您一样更有智慧地规划自己的人生。希望您在另一个世界与好兄弟陈江他们继续开心快乐地生活和实现有更大价值的使命，而我也在此将我们过往的一些成长经历和我的见证分享给仍然关爱您的朋友们，以表达无尽思念和感恩您多年的帮助与宽容。

“孩子王”的快乐童年

小时候，哥一直是我和一众兄弟姐妹当中“孩子王”和“领头羊”的形象。他的思维敏捷和活泼好动给我们带来了无尽的主意和欢乐的源泉，但也不可避免地让我们不时地闯祸而受到父母言语和皮肉上的“关照”。

作为毛主席的故乡人，我们从小都有学习和耳熟能详他的诗词《沁园春·雪》和《水调歌头·游泳》，而他的“才饮长江水，又食武昌鱼。万里长江横渡，极目楚天舒。”更是时刻激励着哥带领着我们这群长沙伢子经常去“挑战”贯穿湖南境内长江流域洞庭湖水系的湘江。江边的摸鱼抓虾已经成为小菜，而能有机会畅游横渡湘江才是最令哥和我们兄弟姐妹引以为豪的。

湘江对面的“惟楚有材，于斯为盛”的岳麓书院山脚下五星级风景区橘子洲更为哥和我们的童年带来了无尽的快乐和回忆。

哥带我们集体逃课去玩的经历自然瞒不过精明的父母，因为干中带湿的衣服暴露了我们的行踪，这让我们经常“享受”到言语的责备和体罚。

有趣的是我们在学习上的偏科而导致在学校的不同待遇。由于家庭原因，父母安排我们在同一小学和中学完成学业。我偏科严重，基本语文老师都比较喜欢，而数学老师都有恨铁不成钢的态度；而哥的逻辑分析能力强，让他在数理化方面游刃有余。每每数学考试都使我成为留校罚站的典型，而你在这方面的优势和成绩让我羡慕不已，同时我的信心也大受打击。

最让我印象深刻的是哥总能在棋牌类活动中占据优势，因为他经常能通过逻辑推理算出同伴或对手手上的棋牌而取得胜利或降低损失。而他的朋友和我们基本只能成为陪练或经常的输家。长大以后，他在数理方面的优势也让他在商业运营当中游刃有余。他在公司成立初期的所有财务计划和报表等都是自己完成，一般的企业主只能将这种专业工作外包。

大爱之人

哥在我心目中也是非常有大爱之人，他对朋友的慷慨解囊、对年轻人的倾力提携，和对弱者的无私帮助很好地诠释了这点。

首先，从小到大他在同学和团队中都有很强的领导力和凝聚力。

在我们一起就读的新风小学和明德中学中，他都有一帮愿意追随他的同学。我常从他们口中听到哥的为人仗义、团队精神和正直勇敢。

在明德中学时，由于我们家庭条件相对好点，在食堂打饭时，我有好几次看到哥将他的饭票分给同学或替他们打饭。他这种为别人考虑和与人分享的精神确实为他赢得了同学们的拥戴。

再则，他事业成功后，在曾经就读的孟菲斯大学设立了奖学金来帮助经济上有需要的国际学生，而哥心中最大的欣慰应该是看到这些学生在他的资助下顺利完成学业和成为有价值的人。

哥哥对于身边其他年轻人的提携和帮助也是随处可见，从雷曼天、欧阳源远、庹铁舰等人的经历和怀念中都能看到他们对于哥的感激和难忘之情。

最后，时刻心系贫困儿童也体现哥高尚的人格。

在哥功成名就时，他在意的不是个人的成功和荣耀，而是想借此机会来行善举和切实帮助其他有需要之人。这就顺理成章地解释了为什么哥在后来的环球飞行中能在飞到泰国时与吴总一起去慰问当地贫困小学学生，去非洲资助贫苦地区的儿童，和为美国的圣强德医院癌症儿童捐款 25 万美元。

靠“恒”奋斗出来的精彩人生

《阿甘正传》是哥时常津津乐道的一部励志电影。

该片描绘了汤姆·汉克斯饰演的先天智障小镇男孩自强不息，最终“傻人有傻福”地得到上天眷顾，在多个领域创造奇迹的励志故事。

哥没有衣食无忧的家庭和令人羡慕的名校背景，所以他一直是靠着不放弃的坚持和超乎常人的奋斗来实现人生中一个个飞跃。

阿甘是靠“跑”来实现一个个常人无法想象的传奇人生经历，而哥是靠“恒”来一步步奋斗出他的精彩人生篇章。

首先，他在集邮这个兴趣爱好上坚持了很多年，也为搜寻有价值和新奇的邮票想尽办法，最终多年积累的邮票价值和四本的成果让哥颇为得意和自豪。记得哥为了获得心仪的邮票，曾经带着自己的邮集去交易市场估价和与其他集邮爱好者一起讨论邮票种类、流行和价值，并会通过换货的形式得到自己想要的邮票。哥在集邮这个爱好上体现了他的不懈追求。

其次，为了开阔视野和提升自己，他一改贪玩追星的个性而三个月闭门在家专注于去美国托福考试准备，这成为大家后来津津乐道的事情。而在拿到美国学校奖学金 offer 后的大使馆签证环节也是一波三折，一次次拒签后的不气馁和重新准备资料并换地签证直到最后成功，这再次体现了他在做事上的坚持和执着。

再者，在孟菲斯大学读书期间，哥为了锻炼口语和挣取额外的生活费而选择了在课后和周末去当地的中餐馆打工，而有着同样经历的我能感受到他当时洗碗、端盘子和服务客人的不易，他却为挣了多少小费而经常津津乐道。而多年后重回该中餐馆时，还能感受到那个面容冷酷的老板对哥的额外热情和赞许。

也许在类似哥这样的强者心中，所有生活的苦难都只是一种经历和让他变得更加强大的历练而已。

哥对要做的事总是全力以赴，为了拓展在美国的商圈，他在开拓脚手架事业初获成功后开始学习高尔夫。而为了确保动作的标准和保持长期学习的兴趣，他在孟菲斯会员制的 Colonial Country Club 聘请了当地最好的白人教练，最终通过一周多次长期练习取得了 70+ 杆成绩。

当然，最能让所有人都引以为豪的是他环球飞行的壮举和为实现该目标所付出的常人无法想象的努力。

仅有 500 小时飞行经验的他敢于挑战一般飞行员需要有 2000 小时左右才能

做到的事，这已经精彩地诠释了那句“If your dreams do not scare you，they are not big enough”。

“一个人的伟大，首先是灵魂的伟大，其次才是才华的出众以及取得的成就。”纵观哥的一生确实是非常丰富和精彩，而他的优秀也是体现在各个方面，但我认为他高贵和伟大的灵魂才是引导他取得这么多利人利己成就的原动力。

他的47年生命虽然短暂得让人扼腕叹息，但他在千万人心中点燃的希望之光和树立的正面形象将会继续流传下去，而这对他而言应该是一生最大和永远值得欣慰的成就。

希望《飞得更高——朋友眼中的陈玮》能遇到更多有缘人和让哥的大爱、善良、坚毅、有恒、勇敢、阳光等正能量影响到更多有需要的人。

作者简介 陈理，陈玮弟弟，生于1981年2月10号，籍贯湖南长沙。曾和陈玮一起就读于长沙新风小学和明德中学，而后就读与长沙财经职业高中和湖南大学外贸专业。于2000年9月来美后就读于孟菲斯大学金融专业，毕业后任职于商翔公司脚手架部门和工厂。

勇气・骨气・傲气・豪气

肖洲生

2018年的那一天，天妒英才，我们失去了陈玮、陈江两位湖南同乡会的好兄弟、优秀的华人企业家、孟城知名的社会活动家。陈玮的突然去世给我们华人社区带来无法估量的损失，只有缅怀他的遗志，才能给我们带来慰藉，激发我们奋勇向前。

缅怀陈玮和他的勇气，富有中国人的勇于冒险、敢于开拓的态度。

缅怀陈玮和他的骨气，富有中国人的坚韧不拔、不断进取的精神。

缅怀陈玮和他的傲气，富有中国人的友好交流、合作共赢的理念。

缅怀陈玮和他的豪气，富有中国人的善良同情、慈悲为怀的心灵。

陈玮走了，但他的音容笑貌依旧。我们深切感受到他的永存……

作者简介 肖洲生，湖南永顺人。2009年到孟菲斯城市田纳西大学医学院工作至今。现任孟菲斯湖南同乡会会长。2010年在湖南同乡联谊会上认识陈玮，后来多次参加同乡会执委的聚会活动，并与陈玮在一起多次交谈。对陈玮的传奇经历感同身受。其人热爱孟菲斯社区生活，曾多次组织并参与大孟联及湖南同乡会举办的中秋及春节联欢节目活动。喜爱跳舞、钓鱼、乒乓球等运动，相信健康与生命在于运动。活跃于孟菲斯湖南同乡会及当地华人社区。

飞得更高，飞得更远

熊猫姐

我千万次问上帝，为什么让你走得如此匆匆？你灿烂的笑容，热情的拥抱，爽朗的笑声……你爱家人也爱朋友，你是兄弟你是榜样；你谦虚善良，你有情有义；你慷慨你大方，哪里有需要，你就欣然解囊……你爱生命，你更爱蓝天。你飞走了，飞得更远更高。陈玮，祝你在天堂快乐飞翔！

我每次仰望蓝天
好像看到你的笑脸
你的微笑依然那样亲切
依然那样灿烂
我每次仰望蓝天
你的声音便回旋在耳畔
你的声音依然那样热情
依然那样温暖
一个悲伤的日子
似曾发生在昨天
十二月二十号

二〇一八年
你走了，太过匆匆
我们悲痛万分
我们肝肠寸断
你走了，天妒英才
我怒问苍天：为什么，为什么？
怎么想都不明白
千般不舍万般无奈
心儿碎了眼泪流干

我每次仰望蓝天
好像听到你在侃侃而谈
你说梦想就该大无边
你说人生就该放异彩
你说追梦路上要勇敢……
你说死在路上也心甘情愿
失败算什么，一切可以从头再来
走啊！跑啊！你还嫌慢
你飞起来了
绕着地球飞行一圈
迎接挑战，人生没有极限
华人环球飞行第一人
你是如此的辉煌耀眼
你让我们骄傲自豪啊！
你还在继续飞啊飞啊！
“少飞点儿”，我曾经唠叨

你总回答“天上很安全”

飞啊！飞啊！
你越飞越高
你越飞越远
你冲破了云层
你穿越了蓝天
你飞向了宇宙
你飞去了天堂
上帝为何把你召唤
难道他也需要飞行员

你来了，47 载
你的人生太短太短
还有多少蓝图等你去描绘
还有多少梦想等你去实现
可是，你走了
走得那样匆忙
走得那样突然
你成绩斐然谦虚慷慨
你禀赋异常大爱无边
你埋头苦干不惧困难
你是华人之光
你是我们的标杆
你虽远去，但你的精神永在
虽然我们相处时间有限

但我们爱你念你直到永远

你匆匆忙忙的
飞来飞去
做不完的项目
谈不完的宏愿
你常说并非要改天换地
但力求完美
不想辜负大家的期盼
你的离去
让我们重新思考明天

给家人分点儿时间
陪父母唠唠家长里短
给孩子讲讲故事
把烦恼也顺便谈谈
给身体休息一下
就是机器也要加油充电
给朋友打个电话
忙里偷闲聊聊天
世事无常
生命可能随时终止
绝对没有永久永远

我每次仰望蓝天
好像看到你躲在云彩的后面

你笑意盈盈，你挥手再见
陈玮啊！陈玮
你好像永远都在出差
飞来飞去
你像雄鹰一般
为更大的梦想
为世界增光添彩
你不辞辛苦你任劳任怨
永不服输只求奉献
飞来飞去
跨越万水千山
我每次仰望蓝天
好像听到你在问我：
“熊猫姐，一切都好吗？
“什么时候去你家吃饭
“喝酒聊天？”
陈玮啊！陈玮
我们的好兄弟啊！
我们的好朋友
一想到你就感动
谢谢你曾经的到来
给我们好多好多美好的回忆
给我们好多好多爱心和温暖
陈玮啊！陈玮
你从未离开
你永远活在我们心中

你永远站在我们身边

看，彩虹为你铺设好了航线
听，欢呼声为你敲响了鼓点
陈玮啊！我们的好兄弟
你继续快乐地飞吧
飞得更高，飞得更远！

作者简介 熊猫姐，本名陈晓笛，现旅居美国洛杉矶。1992 年来美国，曾经的金融投资顾问，现在的职业投资人。与陈玮合作投资了一些项目。

我的儿子，我的蛟龙

邢翠霞

儿子，
风起寒冷，
乍飞了流星，
我看到了天上飞过了蛟龙。
儿子，圣诞的夜晚，灯火通明，
我却看不见你的身影，
我在寻找那双最美最亮的眼睛。

儿子，家门口的树还是绿着葱色，
它的叶子在悄悄飘零，我在听风。
儿子，我在遥望银河数着星星，
看看哪颗最晶莹，我在寻找，我的蛟龙。
儿子，我知道了你说的日记，
记得明白，也写得清，
可我还没看懂，
我在打开多年日记的沉封。

儿子，我在寻找，
我在眺望，
我不舍那寂然远去的飞鹰。
儿子，有匹老马停在家的路口，
嘶心裂肺却是孤寂蹄轻。
儿子，窗外下了小雨，
雨打着含泪的梧桐。
儿子，我知道你的寒冷，
我已拿着棉衣去给你挡风，
却找不到了你的身影。
儿子，我看到了昨天那个调皮的顽童，
他的棉袄，是我夜里线线穿缝。
儿子，我看到了那个顽童远离了我的视线，
他牵着风的手，去了清寒的风中。
儿子，叶子飘落时，
我似乎听到了你曼妙的歌喉，
看到了你走来的身影。

儿子，是一声霹雳把我惊醒，
你是不是和带着一双翅膀的天使一起出行，
天空湛蓝云朵澄明，
你成了天使的仁兄。
儿子，嫦娥奔月，吴刚叩手，
你和他们说说你的故事，讲讲你的今生。
儿子，你是奔向天边的一条蛟龙，
是那高悬西边的彩虹。

儿子，你是不是去了天庭，
你是不是还去飞行，
我在凝望夜空，
寻找那道风景，
寻找闪烁希望的光影。
儿子，我明白你的心思，
你去了远方，你飞得匆匆，
你奔向了隧道，你去了时空。
儿子，我的前世，你的今生，
我不舍你飞行的驰骋，我寒泪纵横。
儿子，一路走来的是你精彩的故事，
生命中的你，生龙活虎，双翼丰盈。
儿子，灯火阑珊处的我，一眸泪光，
我的华发，我的瘦影，我的心痛，我很冷很冷，
儿子，我的宝贝，我的蛟龙，你可知道我的孤冷。

儿子，慢慢地行，我知道了，你是去轮回转世，
实现承诺说好的约定。
儿子，儿子，你听，你听，
那匹老马在疲惫地嘶鸣，
它是不是你托付的魂灵。
儿子，我等，我等你，
等你再次轮回转世的时候，我等。

儿子，我看到了你，
我看见了天边腾飞的蛟龙，

我的飞鹰，我的蛟龙。

（备注：陈玮的母亲李佩明女士是我的朋友，洛杉矶湖南同乡会的前会长，一个很谦和文静、善良开明的女性，她的丧子之痛，令人心酸。此文献给陈玮，愿他一路走好。）

作者简介 邢翠霞，美国好莱坞八风音乐公司总裁，微说美国（id：We_Chat_America）的撰稿人，美国慧眼云视《翠霞世界》特约主持人。

陈玮追悼会现场（1）

陈玮追悼会现场（2）

陈玮追悼会现场（3）

陈玮追悼会现场（4）

➤ A.C. 沃顿 (A.C. Wharton) 在追悼会上致辞

➤ 厄尔 · 布兰肯希 (Earl Blankenship) 在追悼会上致辞

▶ 麦克·麦卡安纳利 (Mike McAnnally) 在追悼会上致辞

▶ 罗伯特·皮廷格 (Robert M.Pittenger) 在追悼会上致辞

▶ 斯科特·莫德尔 (Scott Mordell) 在追悼会上致辞

▶ 维恩·哈尼什 (Verne Harnish) 在追悼会上致辞

陈玮追悼会现场

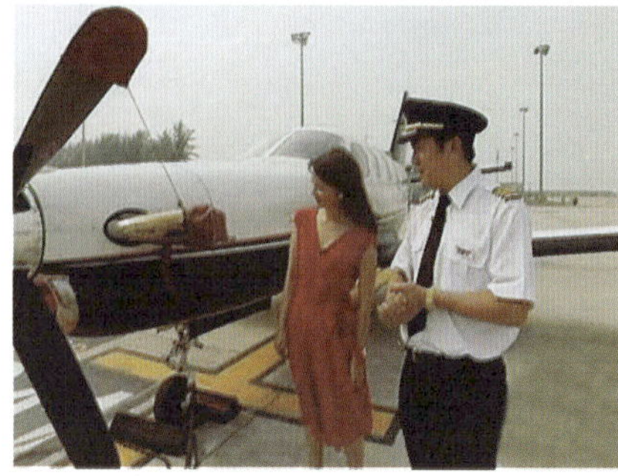

陈玮的飞机降落在首都国际机场，中央电视台主持人刘芳菲在停机坪上对陈玮进行采访

刘芳菲在机舱内采访陈玮

图片编辑 / 赵倩

人间璀璨耀眼的烟火

青木 Elena

陈玮短暂的 47 年人生精彩纷呈，他这一辈子成就的事情恐怕绝大多数人永远也无法想象，甚至几辈子也无法完成和企及！

他，就是他，是人间璀璨耀眼的烟火，留下了满目辉煌，却消失在了天际鸿荒！我们知道，他一定去了一个我们未知的世界，继续着他在那个世界的故事和传奇。

多少次，都不敢开始写，因为需要特别安静下来记录，未曾开始已泪流满面。

时间骤逝，没有 Wei 的电话、邮件和短信的日子已经两年了。事情刚发生后，一直不相信这个事实，经常恍惚地在想他或许只是又去哪个国家飞行，说不定哪天就回来了，就像他最平常的日程安排，满世界地飞行。记得大家经常问他的一句话就是，你哪天回洛杉矶？

时间长了才意识到人世间的生死别离，天人两隔和无法言说的抱憾是真真实实的，一思一寸恸，一念一分殇，所有关于 Wei 的故事到如今却只留下不尽的回忆。

此去永诀

2018 年 12 月 20 日一早，Wei 从佛罗里达起飞前我们还互通了信息，讨论了如何参与湖南卫视锐哥的支教计划，也定了第二天准备带着两家的孩子们去洛杉矶他朋友的一家知名游戏公司参观的安排，还计划圣诞节去滑雪和墨西哥旅行。然而，意外来得如此猛烈疯狂和猝不及防，生生没有想到的是，几个小时后，就传来这惊天的噩耗！

第一位打电话过来证实的是 Wei 的兄弟一般的美国朋友，他在电话的那头就忍不住痛哭起来。还有朋友当天几个小时关在房间里痛哭，难以接受这个事实。所有和 Wei 有过深交的朋友都在听到消息的那一刻止不住泪崩。

因为 Wei，那些日子里，所有的悲伤变得如此脆弱不堪，只有那一双双哭红的泪目成为大家最直接的伤恸。夜里经常整晚开着灯，分不清是睡着了还是又醒了，不愿相信，不想面对，无法接受。

接下来的两周时间里，是悲伤之河的汇聚：和 Wei 在世界各地不同国家和时区的朋友们交换了无数的电话、邮件和短信，安排吊唁慰问，出席追悼会行程，协调接送，照片视频剪辑，接收追悼会吊唁花架花篮花环等，纷乱觞溃。到现在已经想不起来到底收到了多少来自使馆、侨界、商界和各个组织的唁电，又有多少 Wei 散落在全球各地的朋友们甚至半夜发来信息述说难以言状的痛惜。过了圣诞、元旦，飞去孟菲斯参加追悼会，面对从世界各地飞来吊唁的，相望悲痛的亲人、友人和老朋友们，大家相对无语，都不知如何安慰彼此。

Wei，就这样以一种让人震恸的方式离开了我们！

2019 年 1 月 4 日下午，灵柩告别会现场内外摆满了白色的花架、花篮和花环，在墓园工做了一辈子的工作人员只说了两个词：震惊、震撼！

前一晚，几位老朋友用毛笔手写挽联到半夜，凌晨又继续开始，“天空无痕你已飞过”“至爱深深报以蓝天轻一笑，飞魂烈烈归于紫陌重千斤”“念当日豪情畅游碧宇全身彩闻今朝噩耗痛撒蓝天一抹痕”，每一个字、每一句话都是痛！

大家从来没见过这么多的鲜花以最肃穆、最淋漓的深情围绕着灵柩摆满了这么大的空间，那是从全世界几十个国家聚在一起的对 Wei 的不舍和心意！一走进那个环境就只感受到浓得化不开的悲惜，数百人陆续排队和 Wei 的至亲握手慰问，沉痛的人们压抑着哽咽和抽泣缓慢地走过灵柩，为这份永别而送行。

1 月 5 日，一个典型的美国南方冬日，或许是在同泣这位陨落于英年的孟城骄傲，这个上午，风声鸣瑟，云雾隐沉，苍天垂阴，万木悲枯！

追悼会的千人剧场，台上是国会议员、市长等政要，商业合作伙伴、挚友和最好的兄弟，他们作为代表讲述着他们和 Wei 的故事。而台下来自世界各地的 Wei 的朋友们和飞行伙伴们，每一位都带着自己和 Wei 的故事，在聆听的同时，也在哀乐挽歌中沉浸着自己对 Wei 的回忆。这些人当中有财富 500 强企业的总裁、投资管理基金公司的创始人、全球不少知名企业的总裁或高管、私人航空飞行界的名人和飞行员、企业家、金融投资家、银行家、地产商，全球知名慈善组织的负责人，各行各业的精英，也有社区各界的好朋友，还有受过 Wei 帮助的朋友和学生。

他们中好多朋友在百忙中安排私人公务机飞过来，仅仅只是为了到现场来参加这三个小时的追悼会。他们哀默悲沉的眼神、无声有力的握手和温暖支持的拥抱，向 Wei 的家人传递着友人的慰问和关切。他们静静地坐在观众席里，和大家一起哀悼这位永世难忘的朋友。追悼会一结束他们纷纷来到大厅，互相拥抱，交换着一份他们之间相互懂得的眼神，就需要马上道别离开，飞去别的地方。这样的真情实意只是单单纯纯地源于他们对 Wei 全然的认同和喜爱，无须多言，无须赘语。这份千里赴约，送君最后一程的情谊就是朋友间相处最好的模样，因为 Wei 对于他们而言，是一位如此特别、如此值得珍惜的朋友。看到他们，也看到了这些叱咤风云的人们之间的友谊是如此让人动容和敬佩。

当天，和 Wei 有着不同渊源的几十位飞行员们也纷纷赶赴这场告别，他们开着自己不同机型的飞机赶来，他们还用好多天计划了在航空界对逝去飞行员最高礼遇的致敬方式——在剧院上空的 Missing Man Formation Flyover 飞机编队表演来向这样一位让人尊敬的飞行员告别。非常遗憾的是，因为天气不允许而在最后一刻被取消。Wei 一直都自诩是非常出色的飞行员，这个致敬编队飞行的计划也已经从另一个侧面完完全全地验证了他的确可以有这份自信，因为这些飞行员当中还有不少美国资深的 F16、F18 飞行员和专业机长。

在接下来的几个星期里，全球各地为 Wei 专门举办的追思活动先后在孟菲斯、洛杉矶、温哥华、波士顿、佛罗里达、北京和长沙等各城市举行，因为太多的朋友想用自己的方式分享 Wei 的故事和与 Wei 的共同经历，表达无尽哀思，缅怀斯人已去的伤痛。在不同的会场，大家用照片、视频和故事讲述来纪念这位大家共同的朋友，泣泪成声，天地同悲，Wei 就这样用他自己的方式永远地留在了大家的心中。

和 Wei 的缘分

今天是立冬后的第一天，窗外阴天大风，气温骤降，适合想念。

仔细想想，从认识 Wei 和 Isabel 到今年正好 21 年的时间，两家人从孩子没出生时就认识，后来两家的大女儿相差几个月出生，那些年经常会有朋友们的家庭一起参与的各种纪念日、生日或节日的聚会，男士们拼酒，女士们扮靓，孩子们狂欢，老人们闲聊，全是笑语欢歌的回忆。

每年好友们都会被 Wei 和 Isabel 邀请一起着盛装去参加公司的圣诞主题年会，见证了他的企业一直以来的蓬勃发展和他们金童玉女、男才女貌的幸福甜蜜。2011 年也和所有他的家人朋友们一起见证了那令世人瞩目的环球飞行的欢欣鼓舞和喜悦。那时候 Wei 不仅是社区领袖，还是永远最慷慨的捐助人。这一次事故中和他一起离去的本家兄弟陈江和我每年都会在他的带领下一起做很多社区公益的筹备和组织工作。同时也因为 Wei 多年来的大力支持，带动了很多企业和商家一起参与，留下了好多场盛大精彩的社区活动和文化交流活动并产生了巨大的社会影响。

回望这些年，Wei 从开始做企业时就非常愿意为中美华人之间的交流出一份力。

多年前锐哥带着湖南卫视和侨办、汉办一起来美拍摄春晚的海外特别节目，其中就包括 Wei 的环球飞行和 Wei 支持并一起策划的华人新年庆祝活动的报道采访。

最近这些年在洛杉矶，我先是为 Wei 的商业银行项目工作，后来合作投资公司与私人航空公司，非常有幸和他一起参与各种商业谈判、商业活动和不同的社会活动、慈善活动，包括创建私人航空俱乐部，组织华人企业家俱乐部等，同时也参与他在世界青年总裁组织 YPO 和美国企业家之间的很多活动安排，对 Wei 有了更多角度、更多维度的更深的了解。

在洛杉矶这些年中 Wei 常自己开飞机，带着两家人一起去旅行，两家的孩子们也一起在洛杉矶参加夏令营、学冲浪，和 Isabel 一起在洛杉矶逛街购物；还经常和朋友们到 Wei 洛杉矶的家聚会，吃佩姐做的最地道的湖南菜，喝六哥泡的收藏级别的各种好茶。往事一幕幕闪放，工作和生活中数不清的交集和回忆，镜头在叠加，思绪在起伏。

心有宏图的企业家

这些年 Wei 作为洛杉矶投资公司的董事会主席，最强调的是公司的核心价值和公司愿景，他的目标是打造一个稳步发展、有传统价值观又永远与时俱进的企业。

为此他会花很多时间和核心团队深度会谈、讨论，学习哈佛、斯坦福等一流商学院的理论和文章，先在思想认识上达成一致再开始实施公司的短期和长期目标，因为他希望打造的是一个真正可持续发展的、卓越且长盛不衰 build to last 的公司。

Wei 非常喜欢好友科林斯（Jim Collins）所著的《从优秀到卓越》（*Good to Great*）、《基业长青》（*Build To Last*）和《选择卓越》（*Great By Choice*）这些书，和另一位好友 Verne Harnish 所著的《掌握洛克菲勒习惯》（*Mastering*

RockefellerHabits)》一书。

他不仅坚信这些理念，和周围朋友分享这些理念，也更是一位真正的践行者。他将这些理论运用在公司的管理运营上，坚持有远见的目标，在追求理想和利润间保持平衡，激发优秀人才发自内心地为公司目标全力以赴，让正确的人做正确的事情，对所承担的职责有担当和决断，做明智的选择，鼓励良性对话，将时间和资源聚焦专注在核心项目上，了解优秀是卓越的大敌，并在公司内部建立自我成长、追求卓越的系统等。

我们投资公司每年评估几十亿美元的项目，有的项目团队已经进展得非常深入，也可能会因为公司整体认同的高要求而最后放弃，因为 Wei 所倡导的“追求卓越”让大家都有着非常同步的核心价值观和超越利润的合作愉悦感及归属感。

Wei 特别喜欢两句话：第一句是，“如果你的梦想没有吓到你，那它们还不够大”（If your dreams don’t scare you，they are not big enough）。所以 Wei 计划参与运作的都一定是有着特殊意义或带来特别影响的项目，他的目标总是清晰而宏大。

在我们投资公司的远景规划中有一个将耗时十年打造的洛杉矶中国城的改造和重建项目，这是一个第一阶段就将投入 50 亿美元的项目，为此我们已经整整进行了 4 年的全方位的准备工作。作为在美国的华人企业家，Wei 从 22 年前一开始在美国做国际贸易时起，就一直希望自己可以作为中美之间的桥梁，为两国人民能更加相互了解、信任和共同发展做一些他力所能及的事情。就像他当时设想的这个项目，规划着以一种既可以弘扬中国文化、将传统和现代的中国元素带进美国，又可以让这些参与的中国公司、中国品牌透过这个窗口融入美国主流的方式让这个项目成为一个新的洛杉矶地标和景点。我们公司刚开始规划时，好多朋友都被吓到了，觉得这个最终会需要投入将近 300 亿美元甚至更多的项目实在太宏大。但 Wei 非常清楚地知道这是他会一步步去实现的梦想，心中的宏愿只会是他前行的动力。同时也因为这一个个宏大的目标，他有着强大的愿意探索、发现和改变的能量，而这一切都来自他强烈的不断追求进步的内驱力。

Wei 喜欢说的另一句话是，“选择一份自己喜欢的工作，一生中就不必工作一天”（Choose a job you love and you will never have to work a day in your life）。Wei 非常享受工作，在任何时候都保持着工作激情，对未来的各种可能性充满无限期待。他对自己从事的事业的热爱更多是出于马斯洛所说的最高层次的需求，就是对于自我实现的需求和想帮助更多人的愿望，同时他也希望可以联合更多的同行者一起笃行。

Wei 在事业上的敬业和投入是惊人的，他可能凌晨 5 点已经开始发邮件，晚上开会到半夜也是常事。因为热爱，他对困难和麻烦无所畏惧，在商业策略上也充满创造力，他还善于鼓舞周围的朋友跟随自己的心，追寻自己所爱的事业，拥有一个快乐工作生活的人生。

Wei 在和所有美国主流商界人士的交往中可以超越政治、宗教、地理和文化的边界，用他充满个性的商业认知，判断力和敏锐度，以及真诚的人文关怀来互动交流。亲见他在商业谈判桌上和对手在谈笑风生中赢得谈判优势的过程，虽不是惊心动魄，也绝对是跌宕有致，控场完美。

在商界 Wei 对于很多人而言，一直都是一位值得尊重也愿意合作的好对手和好伙伴，他的能力与格局让他成为在美国主流商界中被大家所喜爱和欣赏的杰出企业家。

对自我无尽的挑战和追求

人说，要么读书，要么旅行，思想和灵魂总有一个在路上。

Wei 却是一个读书和旅行，思想和灵魂都永远同时在路上的人。

熟悉他的人一定知道，他偏爱名人传记、企业管理、商业和投资类的书籍，每次旅行前一定会挑一本好书相伴，这也是他对自己的承诺和要求。每次旅行回来，除了聊他的行程之外，可以确定的是，还可以好好问问他，这次旅行又读了什么书，有什么收获？ Wei 每次都特别愿意分享。他除了喜欢自己读书，还特别愿意推荐好书或送人他喜欢的书籍作为礼物，Wei 的好朋友们一定收到过除了他自己的《云上八万里：中国公民首次环球飞行》之外的很多其他书籍。

Wei 总是对自我有着无尽的挑战和追求，他在过去的几年中已经自驾飞到过全美 50 州的每一个州，这是一个他几年前就定下的计划，前年已经完成。最近几年他又定下了飞遍全球每一个国家的计划，而且每年计划旅行去 10 个新的国家，其中 2017 年他完成了 10 个国家的飞行目标，2018 年完成了 12 个国家的飞行目标。在他去世前，他已经飞到超过 100 个国家，足迹遍布七大洲五大洋。很少有人可以像 Wei 这样如此坚定地、持久地为自己的目标去计划和努力，这样如信仰般的毅力也是他为什么在有生之年做成了那么多大事的原因之一。

记得有一次带朋友去 Wei 在学习的飞行学校谈事情，在等着他下课的时候和飞行学校的负责人聊天，他非常佩服 Wei。当时 Wei 正在学习准备通过一个商务机机型的飞行驾照考试，通常一个专业的机长需要学习一个月的时间完成，因为 Wei 实在太忙没那么多时间，他愣是要求把这个考试准备时间压缩到了一个星期。在那 7 天里，除了公司里的事情要抽时间处理外，他所有的时间都用在了学习上，没日没夜，每天只睡 4 个小时，奇迹般地把这个驾照在 7 天内考下通过了，这实在不是一个很多人可以完成的简单任务，但 Wei 做到了。我们经常笑言他可以拿自己的飞行驾照打牌了，一手的飞行驾照，因为他每看到一个喜欢的机型，就会想着如何挑战自己，考到驾照后自己可以飞，也可以带着家人和朋友们一起飞。

Wei 飞到喜马拉雅山顶的经历也可以说是一场惊心动魄、自我挑战的冒险。

当时 Wei 和朋友挑战极限，不带氧气罐开直升机飞上 5000 多米的珠峰营地，由于海拔高空气稀薄，他们需要在这个中间营地卸下一部分燃油，以减轻重量继续攀高。在成功登顶后，Wei 和朋友非常兴奋地合影留念，记录这样一次不同寻常的经历。做短暂停留后，他们再飞下中间营地将燃油加回到油箱，不然就无法安全飞下山。这个在极寒气温下燃油的卸载和重新灌回需要操作非常精准并迅速，否则稍有差错便极其危险，当然从来不惧挑战的 Wei 和飞行员一起完美地完成了这样高难度的挑战。Wei 和很多其他成功企业家一样喜欢征服全球各大高峰，应该是想体会那种会当凌绝顶的喜悦和豪气，这样的经历或许也更赋予了他在做企业和做事情中可以直面困难和挑战的勇气。

无论做什么，Wei 都希望自己可以接近甚至达到专业水平。滑雪，他滑双黑钻雪道；潜水，他拿到了专业潜水执照；冲浪，他也是达到几乎专业的水准。这每一项做好都非常不容易。虽然 Wei 学这些的确很快，但背后也是付出了比常人多得多的看不见的练习和努力，而这一切也都是源于他对自己的高要求和高追求。Wei 的人生，好像从来不是为容易而计划，却是为了更好更难更具挑战而前行。

在 Wei 的日程安排表上，有的活动或旅行安排甚至排到了三年之后，因为他永远都是一个不知疲倦的挑战者，他总是在创造着他自己无数的第一次尝试，他的人生字典里满满地记录了他在不断追求的每一个第一次的精彩。

热爱飞行

认识 Wei 的朋友们都知道 Wei 在洛杉矶打造了一个飘扬着中美两国国旗的私人飞行俱乐部。在那儿，他保留了心爱的几架飞机和战斗机，还有大量和飞行有关的奖品、奖杯、图片、照片、证书以及他收藏自全世界各地的艺术品、工艺品、纪念品和古董。

Wei 总是热情地邀请大家去他的私人飞行俱乐部活动。短短的几年时间里，在这个私人飞行俱乐部，不知举行过多少次飞行主题沙龙，邀请过多少华人飞行员交流飞行体验，多少美国飞行员介绍飞行经验，多少爱好飞行或对飞行感兴趣的朋友前往参观，总之常年人流不断，欢声笑语中都是和飞行有关的故事。因为私人机场和机库的便利条件，这个俱乐部也作为活动主场举办过很多次区域性航展和慈善活动。

Wei 因为骨子里对于飞行的热爱，还有在中美和全球不同国家的飞行经历以及对通用航空产业的了解，多年来一直致力于推动中美之间通航界的互动交流，尤其希望通过传播航空知识，交流中美通用航空经验，为中国的通用航空发展做出力所能及的努力。Wei 以自己的中美飞行界的影响力，多年来鼓励中美华人飞行员去参加美国飞来者大会（全球规模最大的年度航空盛会），组织中国来的航空商务交流团参观和参加行业峰会，组织全球环球飞行飞行员去中国参加航展，组织美国本土资深飞行员来俱乐部讲授通用航空知识、维护保养心得和驾驶飞行技巧等。

航空飞行甚至可以说是 Wei 与生俱来的本能，快乐飞翔是他的生活态度和生活方式，他也因此不计成本和回报地、热忱地推动着华人飞行员和中国通航的交流和发展。他也经常自己开飞机带着朋友们四处飞行，甚至开自己的喷气式战斗机带朋友体验空中翻腾 5G 的失重和刺激。因为自己喜欢飞行，Wei 经常热情地鼓动周围所有的朋友去学开飞机，他就是想通过自己的行动带动更多在美华人和中国通航飞行员了解通用航空，可以自己飞行，一起体验出行的便利和在空中俯瞰的自由自在。

Wei 曾在有 10000 多架飞机参与的飞来者大会上和飞友们威风地用 9 架中国产初教六战斗机做编队表演，在南非大草原上亲自驾驶曾经三次环球飞行的飞机看狮子奔跑，和野马战斗机一起编队冲场，用 800 公里时速拉烟低空通场，和 B7 轰炸机和 T3 飞机编队飞行，组织 20 多个国家的环球飞行飞行员到中国参加航展（包括全世界年龄最大 82 岁和年龄最小 21 岁的两位环球飞行员），帮一对恩爱情侣圆满完成战斗机求婚，亲驾 TBM 飞去小岛参与伊玛飓风后的救援行动……所有这些飞行活动，不仅仅是 Wei 多年来坚持和其他飞行员交流飞行技术的各种尝试，也是他通过飞行救人助人的各种践行。实际上，Wei 飞到每一个地方和国家从来都不是简单的旅行，他总是带着一定的使命和计划前去拜访当地人，了解当地的人文，参与当地的很多社会活动，其中包括很多捐助和慈善活动。

出事前在洛杉矶的最后一天，Wei 和几位飞行员朋友还有几位好友在我们的飞行俱乐部换着飞机编队飞行，做飞行技术切磋交流。他朋友圈里最后飞过好莱坞标志的视频还是我在另一架和他平行飞行的编队飞机里帮他拍的——不曾想那个视频竟成了绝版。当天飞行视频的最后一个镜头正好从后面捕捉到了 Wei 驾驶战斗机飞进橙黄美丽的夕阳里的那个瞬间，事后想来最后飞向太阳的那一幕似乎成了一个难以言说的预警或暗示，可惜当时我们没有人有先知先觉，无限懊悔和遗憾。

Wei 和他的华人朋友们

认识 Wei 的朋友会用些什么词来描述他呢？

好客、靠谱、义气、仗义、真诚、热情、自信、担当和爽快……我想，这些词都应该会在这个清单里。

熟悉 Wei 的人都知道他能量无限，只要有他的地方就一定有各种活动，旅行、滑雪、潜水、冲浪、滑翔、高空跳伞、攀岩、露营、骑行、骑马、打球等，当然还有很俗套的喝酒、饮茶、吃饭、侃大山。这么多年下来，Wei 的华人朋友遍布全球，他总是和大家保持着通信、联系和快乐的交往，大家也都非常珍惜和他的友谊。

几年前的拳王争霸赛，Wei 包公务机邀约着朋友们一起飞去拉斯维加斯为好友争夺金腰带的决赛呐喊助威。好友赢得比赛后，又呼朋引伴为这位创纪录的中国朋友庆祝，并特别用心地安排魔术和其他娱乐助兴活动与好友全家和朋友们一起庆贺，这一份仗义和支持让每一位参与的朋友都记忆深刻。

多年的好友从亚洲飞来美国巡视自己在美国的 8 个分公司，因为时间紧，Wei 非常贴心地安排全程无缝连接每一段公务机，让朋友可以在三天半的时间里按计划完成 8 个州 8 个城市的会议和检查。好友非常感谢，称 Wei 帮助他完成了不可能的任务。任何时候朋友需要帮忙，Wei 都是非常乐意，也总是尽心尽力的。

完成环飞后，Wei 和其他 5 位好友飞到智利，乘坐智利军方的飞机飞抵南极，最终完成 7 大洲的飞行梦想并在南极科考站成功完成对南极通航的设计和规划。从智利最南端飞到南极只需 2 个多小时，开船到企鹅岛也仅 20 分钟。绝大多数的游客一般只能乘坐几天几夜的邮轮抵达南极，并且需要每晚回到邮轮休息而无法在南极大陆留宿。Wei 的目标是想帮助更多的朋友实现南极通航的极致体验，也是他对朋友的承诺。在南极的几天里，正好赶上一位同行小伙伴的生日，Wei 还细心地准备了贺卡为朋友助兴。兄弟之间的情谊和交往不在事情有多大，而在于是否记得，是否在那些特殊的时刻有陪伴、有一份心意，Wei 经常会让朋友有这样的感动。

为了支持兄弟李锐在中国的公益项目，Wei 除了全程帮助协调，还特别飞回国，全程陪伴来自美国的极限运动纪录创造者迪恩波特完成在湖北恩施走软绳通过大峡谷双壁悬崖的挑战。在去世前 Wei 也一直在和锐哥做多方讨论和筹划，准备带着支教老师和孩子们一起科技支教，希望通过 Wei 带着孩子们一起飞翔，了解飞得越高、看得越远的真正含义。他还想安排各种活动和实践学习让孩子们在经历体验的同时了解科技的发展、世界的进步，鼓励孩子们敢想敢做，积极拥抱未来，用行动实现自己的梦想。这么多美好的计划虽从 Wei 离开的那天开始会需要重新规划，但相信这个未实现的愿望将来一定能以一种不同的方式带着 Wei 的祝福延续。

太多这样的点滴回忆，太多 Wei 用心对待朋友的往事历历在目，留下的都是无限的追念和无比的珍惜！

Wei 和他的美国及各国朋友们

Wei 对朋友的真诚和热情，还有对美国和西方文化的了解让他在全世界交了非常多的好兄弟和好朋友，他们或是结伴旅行，或是和 Wei 的全家一起旅行，或是一起参加商务活动或慈善活动，足迹遍布世界各地。

Wei 的名字的英文首字母缩写是 C.W.，有美国朋友戏称他是 China Whisky（中国威士忌），因为他的个性魅力完美地融合了东西方文化的精髓。他经常说，我希望我的各国朋友向别人介绍他时可以非常骄傲地说，看，这是我的中国哥们儿！

Wei 对于他的很多美国朋友而言，不仅是商业合作伙伴或好朋友，很多更是兄弟和战友。

他们一起走在阿富汗、巴基斯坦的大街小巷，一起在非洲的大草原上和狮子零距离合影，一起在喜马拉雅山顶、世界上海拔最高的人间绝顶餐馆吃世界上最贵的汉堡包，一起在密西西比河畔的夕阳里和格莱美奖音乐家参与世界上最大的城市音乐节狂欢，一起在拉斯维加斯参与洛克菲勒习惯训练课程，一起在美国现役的航空母舰甲板上看战机起落，一起在只有飞机才能开进去的高尔夫球场打球，一起在每家每户都有飞机的怀俄明飞机小镇的傍晚弹着琴喝啤酒，一起在阿拉斯加驾驶水上飞机划过冰川，一起在经过 7 天无信号的生死徒步后在乞力马扎罗的顶峰看日出，一起在北京的长城上高歌欢笑，一起在西安的古城墙上骑自行车。

所有这些 Wei 和朋友们的共同经历最好地诠释了“Life Is Not Measured By the Number of Breaths We Take，But By the Moments That Take Our Breath Away”（用以衡量一生的不是我们呼吸的次数，而是那些让我们屏息难忘的精彩时刻）。这一句话，这也是 Wei 非常喜欢并对他的人生观特别有影响的一句名言。这每一次的经历都是 Wei 和朋友们共同缔造的互动和回忆，每一次的体验都是 Wei 和朋友们一起对世界各地人文环境和当地文化的深入解读和交流，每一段旅程都是他们在世界各地的商业峰会、行业峰会或慈善活动后留下的庆祝和纪念。

在他的美国朋友眼里，“Wei 是一位世界公民，他喜欢结识新朋友并在世界范围内体验新文化，总在学习和探索。他总是可以让周围的所有人都变得更好，有着不可思议的灵魂。直到现在，他的能量仍然在他每个接触并相处过美好时光的朋友中散发出光芒。他是一位天生的冒险家、探险家和专业飞行员，他极富感染力的笑容和热力十足的熊抱让所有人都无法忘记，他把生命的每一分钟都过到了极致。他是一位具有仆人领导力特质的天生领袖。他的离去带给了所有人巨大的空缺和损失，大家都记得这个充满了人格魅力的朋友。即便有人曾说，去世要在越年轻越好，可让人痛心的是，现在我们失去的这位挚友实在太年轻了，他是我们所有人的兄弟。Wei 一年的经历可能比很多人一生的经历都丰富，他现在只是把人间的光带到了天国的家。”

深爱家人的好先生、好父亲和好儿子

在所有人的眼里，Wei 一直是家里可依靠的顶梁柱，他乐观、顾家、细心、周到，是深爱家人的好先生、好父亲和好儿子。

记得一次洛杉矶的公司会议开到了晚上 10 点才结束，Wei 说要开飞机回孟菲斯，大家都觉得他会太辛苦，劝他不要这么晚开回去，他说因为第二天是 Isabel 的生日。洛杉矶和孟菲斯有两个小时的时差，飞行 5 个多小时后，正好会是第二天凌晨到家，这样可以在 Isabel 醒来后听到第一声“生日快乐”。无论是生日或结婚纪念日，Wei 都会记得为 Isabel 提前安排礼物和活动，还有每年一定会安排一次只有他们俩人的旅行，这么多年以来大家都看到了他们之间的相互扶持和恩爱相守。都说一世命定的缘分是千年佛前的祝祷，Wei 一定会在天上给予 Isabel 最大的支持和爱，引领着三个女儿健康成长，走向美好的未来。

对女儿们而言，Wei 父爱如山，深沉厚重。每年他会抽出时间单独和孩子完成不同的活动或旅行。有一次，他带女儿高空跳伞后送了女儿一条项链，上面刻着“坚强的父亲，坚强的女儿”（Strong Father, Strong Daughter），满满的期待和祝福。还有一次他带着女儿去参加营队短旅活动，其中有一个环节让他和女儿都感动得眼泪双流。还记得当时分享时他非常动容，说希望女儿终生难忘那个经历和那种感受，他也希望在那个永生难忘的氛围下对女儿的谆谆话语会温暖地陪伴孩子一生，言语间都是浓浓的父爱。

佩姐信佛，Wei 会安排时间在新年的第一天陪妈妈去庙里烧香祈福；Wei 还会带着六哥去体验战斗机飞行和玩摄影，Wei 也总是在第一时间帮家人换新手机，带父母去全世界不同的国家和地区旅游，还会在出差上飞机前特别安排时间，只是为了陪父母吃一顿饭。认识 Wei 全家的朋友对他的孝心，和对父母如兄长如大姐般的温暖互动一定有目共睹，印象深刻。

Wei 的突然离去让家人痛失至亲，这份剧痛和遗憾不知需要多久可以慢慢平复，或许也永远无法再回到从前，他们无尽的眷恋成了今生无法再告慰的牵挂，心中的思念日日温润，但愿过往的点滴可以稍稍滋养这份心底最深的缺失，为他们祷告祈愿！

温暖有爱心的慈善家

这些年认识 Wei 的朋友们都知道他是一位特别有爱心、有情怀的慈善家。十多年前在他的事业刚刚开始发展时就开始捐助华人社区，之后一直持续捐助各种慈善机构，参与各种慈善活动。

他早年留学是因为有学校奖学金的资助才得以完成学业，所以他在毕业后一直回馈华人社区和慈善医院、慈善组织，同时也鼓励和带动更多的朋友加入慈善捐助。他欣赏犹太人的捐助氛围，也分享因为自己的乐捐如何赢得了美国社区的尊重。在这样一个崇尚付出和回馈的国度，他总是从自己开始，鼓励大家更多地参与慈善。

Wei 的环球飞行为圣强德儿童研究医院筹款 25 万美元，多年前他设立的 25 万美元的大学奖学金也帮助了很多需要帮助的中国留学生。几年前在自己的私人航空俱乐部机库和南加州橙县华人商会基金会一起为洛杉矶华人背景的寒门学子筹款募捐。Wei 义捐拍卖“战斗机飞行体验”和“8 人公务机旅行体验”，加上拍卖艺术品及场地门票收入当晚共筹得 8 万多美元，全部捐赠给了这个基金会。历年来从几千元到几万元，Wei 参与捐助的慈善机构和慈善组织更是不计其数。

几年前 Wei 还在中国捐助了人民币 100 万元给中国的 AOPA，奖励为中国通航做出贡献的飞行员。

无论 Wei 旅行到哪个地方，他都会有意识地在当地寻找需要帮助的弱势人群或慈善组织，他总是会让他的行程因为这样的特殊安排而更有意义。他的温暖撒遍了世界上他到过的很多地方，很多时候他并不知道被捐助人的名字，甚至很多时候他都忘记了自己曾经捐助过的人。这次他去世后还有从不同的城市和国家找到 Wei 的朋友或家人说他们曾经接受过 Wei 的帮助的朋友，这些 Wei 默默助人的各种故事，让人感动也让人唏嘘，人已走，情未尽。他一直说帮助人时他的习惯，也经常说感恩和回馈是每个企业家的社会责任。

感谢你，Wei

与 Wei 这么多年的相识，特别荣幸有机会看到了很多外人不一定看得到的 Wei 在做事业和为人处世背后的理念和努力，也有很多机会见识到了人生中一些非常不一样的风景，Wei，是我生命中的贵人。

Wei 常说无论取得多大的成就，如果绝大多数时间不能与我们热爱和尊重的人一起度过，生活将失去快乐而没有意义，所以他经常提醒大家和任何人合作都一定要选择自己尊敬或爱戴的人一起达成目标。他对人品和个性的看重贯穿着所有的商业活动和社会活动，这也是一种受用终生的人生智慧。

Wei 永远正向积极，从未见过他在生活中表现出消极的情绪，甚至有时候要去一些大家心目中危险的国家的时候，他也毫无畏惧，甚至安慰朋友们不要担心，同时在旅行期间还会发回照片让亲人和周围的朋友放心。

因为自己喜欢读书，Wei 经常给大家推荐各种书，过一段时间他还会主动讨论这些书的内容和精华，虽然至今都还没完成他推荐的书单的全部阅读，但他这种阅读经济、商业、传记等各类书籍的好榜样也经常提醒我应该有学习不止、终生学习的好习惯。

Wei 对人热忱，热爱生活，对生命中遇到的人、碰到的事从来都充满感谢。他乐于分享，一直用行动和语言用心地、真诚地交朋友。他会自己开飞机去拜访久违的朋友，他会为准备一次企业家聚会活动仔细地询问落实菜单；他会人在美国却为他从洛杉矶飞去成都旅行的美国朋友安排和大熊猫亲密接触的机会，甚至向他们推荐网红火锅店；他会听到朋友说儿子喜欢飞行，就主动带着这位年轻人飞去旧金山沿途指导；他会特别安排超级喜欢湖人队的朋友在赛前和球员们亲密接触；去参加巴菲特年会，特别安排大家和巴菲特投资的公司的创始人面对面交流学习；等等。

Wei 总是花时间与他认同和珍惜的朋友之间保持很暖心的互动，或通电话，或发微信，或分享照片视频，大家都从他的这些分享中感受到了和他交往的自然、轻松和欢乐幽默。所有这些点滴，看到的都是 Wei 对待工作、生活和朋友的样子，让人感动。

Wei 走了，现在碰到困难和问题，再也不可能向他请教了，但我会问自己，如果 Wei 在的话，他会怎么说、怎么做、怎么处理，这样一种思维可以经常帮我理清思路。这些年受 Wei 的指导和影响非常大，心中时时想念，心底充满感恩和感谢！

大家都在想念你

有的人是带着上天的使命来到人间的，Wei 就是其中的一位。

他短暂的 47 年人生精彩纷呈，他这一辈子成就的事情恐怕绝大多数人永远也无法想象，甚至几辈子也无法完成和企及！

他，就是他，是人间璀璨耀眼的烟火，留下了满目辉煌，却消失在了天际鸿荒！我们知道，他一定去到了一个我们未知的世界，去继续着他在那个世界的故事和传奇。

“人间再无陈玮”，这样的六个字只有清楚地了解他曾做过什么的朋友才知道其中的含义和分量，才知道他丰盈的生命和独特的魅力曾经影响过这个世上的多少人和事。愈是美好的过往，愈是让人难解这一份感慨悲戚。Wei，你此去永诀，尘世的无奈莫过于留下了你眷恋的妻子、孩子、父母等亲人和关心你的朋友们枉自神伤，今生，已无法再遇见；只待来生，与你欢喜欣然再重逢！

夜深时常常仰望天空，眼潮心湿，想念你，Wei，亲爱的朋友和伙伴，我们怅然于怀，我们以诗相哭，我们哀思迭起，只想拜托清风明月星辰捎去一份心心念念的遥远问候。Wei，祝福千串在心，想念万般牵情！祈愿一生热爱自由的你在那边一切安好，常有友人欢聚，觥筹交错，宾朋满座，在另一个世界里继续踌躇满志，意气风发，快乐飞翔！

作者介绍 青木 Elena，20 多年前来美国留学，分子生物学、金融和信息技术背景，从事过信息技术、国际贸易的工作，目前在洛杉矶从事投资和私人航空行业，是陈玮多年的好友和合作伙伴。

附　录

附录一

陈玮 70 天环球飞行
——陈玮接受中央电视台《流行无限》节目专题采访实录

刘丹栋 / 整理

刘芳菲：观众朋友大家好，欢迎您收看这一期的《流行无限》。电视机前的您是否梦想过自己有一天驾驶着小型飞机用 70 天的时间环游世界？可能对很多人来说这是一个遥不可及的梦想，然而有一个湖南人此时此刻就降落在了北京首都国际机场，而且再过十几天的时间，他的梦想就要实现了。他就是陈玮，今天我们就将带您走进陈玮的航空梦想。

第一部分

（在首都国际机场的商务机停机坪，摄制组见到了陈玮和他驾驶的飞机。）

刘芳菲：你好，陈玮。

陈玮：你好。

刘芳菲：这就是你的飞行好伙伴？

陈玮：对，这是我一起伴着我 70 天的赖以生存的地方。

刘芳菲：它有名字吗？

陈玮：我给它自己起了一个尾号，就是按照我的中文的习惯叫作 168CW。

画外音：说起自己的飞机陈玮显得格外的自豪，他就是驾驶着这架尾号为 168CW 的小飞机。在 2011 年 5 月 22 日从美国孟菲斯出发，历时 54 天，飞越了大半个地球来到北京。再有十几天时间他将驾驶这架单引擎小飞机完成中国人驾驶单引擎飞机的首次环球飞行。陈玮向我们介绍说，为了准备这次环球飞行，他用了 18 个月的时间。

但是就在出发前遇到了意想不到的情况。2011 年 5 月 22 日，冰岛最活跃的火山格里姆火山喷发，大量气体和尘埃被抛入高空，欧洲多个国家的机场被迫关闭，世界多家航空公司取消了飞往欧洲的航班。就在大家密切关注火山灰将飘向何处以及混乱的航班动态的时候，有一架单引擎飞机却毅然冲上了天空，从美国孟菲斯机场直奔欧洲而去。这一架小型飞机的驾驶者就是陈玮。

陈玮：起航的那一天很不巧，我朋友发了一份信息给我，说冰岛的火山爆发了。我的心一下子就沉下去了，因为 2010 年的冰岛火山爆发影响了欧洲整个航线是两个星期，包括南美很多地方都被影响到了。这次火山爆发是在我起飞前的那一刻，让我心里一下好像没底了。而且有很多飞行朋友也跟我说要延迟，但我的想法是我要 5 月 23 号起飞，先飞到火山附近，观察火山的动向。因为如果在原地等，等到火山有没有爆发或者它有变化的时候、有空隙的时候，再飞过去的话它就变了。

（当时，陪伴他飞行的朋友吴炳林也打电话说，“你还是迟点飞，兄弟，因为这并不是闹着玩的，任何有万分之一的危险都是危险”。）

画外音：看着正在喷发中的火山以及随时都可能加剧的雷电天气，陈玮不顾朋友们的劝说，依然踏上了旅程。他说：“如果不能按计划起飞，整个环球飞行的行程将会被全部打乱，而下一次启程就不知道要等到什么时候。”就这样陈玮的环球飞行在充满危险与挑战中拉开了序幕。此时的冰岛火山灰已经把天空染成了黑色，附近区域的建筑物、汽车和旷野都被一层厚厚的火山灰覆盖，不断翻腾的火山灰正在奔向陈玮飞行的目的地——格陵兰岛。

陈玮：在火山边上等的话，如果有任何变化、有空隙的话，可以随时调动我的航线来穿越冰岛。我又不能大幅度地调整航线绕过冰岛，因为我们的续航能力不够。

刘芳菲：只能飞 4 至 5 个小时？

陈玮：对，一定要经过冰岛。没有冰岛是过不去的，但是很多机场也关闭了，因为火山灰的原因。

画外音：陈玮驾驶的这架单引擎飞机只能持续飞行四五个小时，为了避开火山灰的袭击，陈玮不断地变换航向，远处正在喷发中的火山还在不时发出巨响。由于火山喷发而引发的雷电天气，沿途机场大部分关闭，这让陈玮陷入了两难的选择——是飞越火山灰覆盖的地区，还是放弃这次环球飞行。

刘芳菲：也就是说有一种风险，你飞到一个地方了，但是因为火山灰机场关闭了，但是有可能你找不到另一个可供降落的地方，某种程度上来讲它是有生命危险的。

陈玮：大西洋的穿越过程中间，单引擎飞机永远存在着生命危险，像这种单引擎飞机，如果是在陆地上空飞，如果我飞机出了任何故障有 90% 的机会，我可以找到平原，可以找到公路，可以找到平整的地方，安全地降落下来。在冰岛，常年不化的冰山有 4 公里厚，寻找可降落地很难，而且如果需要救援，救援设备赶过去的时间也是非常长的，不是随时都可以救援你。所以在我们飞越火山灰的时候，只要有任何故障，生存机会几乎为 0。

刘芳菲：等于你跟危险伴行，一旦有个什么情况，连个降落的地方都没有。

画外音：各大机场的关闭迫使陈玮只能选择穿越火山灰覆盖的地区，可是他驾驶的是只有一个发动机的小飞机，一旦被吹入火山灰，势必将导致发动机空中停车，这就意味着将接受生命的考验。

刘芳菲：起飞之前你有没有做过最坏的打算？

陈玮：最坏的打算就是不能完成环球飞行，但是绝对保证环球飞行的安全。

刘芳菲：你平时用降落伞吗？你挎着伞包上机吗？

陈玮：都不能用降落伞。环球飞行机长（陈玮就是机长）是机在人在，不可能说我把飞机抛弃，而且在高空的时候基本上是不可能的，没有这个机会能让你用降落伞。

画外音：就在陈玮驾驶飞机接近冰岛上空的时候，他接到地面上传来的消息，在他的前方十几分钟之后，冰岛火山灰会在强风的作用下露出一丝缝隙，这为穿越火山灰覆盖的地区创造了一次机会。但是如果不能把握住这短短的几分钟飞过去，陈玮就会遇上更大的麻烦。

陈玮：我可以从它的南部飞过去，所以调整的航线从火山灰的南部穿越了格陵兰岛、冰岛到了苏格兰。

画外音：只有短短几分钟，是冒险闯入，还是就此放弃？陈玮毫不犹豫地选择了前者。他马上调整方向，找到一个比较好的角度，沿着火山灰的边缘开始冒险穿越。穿越火山灰的缝隙，让陈玮和他的飞机都面临着巨大的危险，这也让所有关心他的人都捏了一把汗。回想起当时的情景，陪同陈玮飞行的吴炳林至今仍然心有余悸。

吴炳林：当时飞机已经从 27000 呎降到 6000 多呎的时候，遇到了一个很大的气流，刚开始是有点颠簸，这也是很正常的。但是进入一个更大的气流，忽然传来很大一声，当时差不多舱里的行李都跳起来 20 多厘米，然后往下降。其实进了气流之后，大家都很认真，我是坐在陈玮旁边，我就一直在看他的仪表，突然自动导航仪一震——自动驾驶跳掉了，这就要求陈玮要马上进行手动驾驶。

画外音：时间一分一秒地过去，陈玮紧紧握住操纵杆，加大马力向着火山灰的缝隙直冲过去，并且成功的从火山灰的缝隙中穿越出来。

然而，刚刚逃脱了火山的威胁，还没有来得及喘口气，陈玮又遇上了强风，在 9000 米的高空风速竟然达到每小时 400 公里。看着仪表盘上的数字，陈玮都觉得难以置信，飞机在强风的作用下开始剧烈地晃动，机舱内的气氛又一次紧张了起来。

陈玮：当时颠簸得非常厉害，正在工作的摄像机的电池都被震飞了，可想而知的颠簸力度是非常大。这时，我的自动巡航装置也失灵了。但是像我做飞行员是非常专注的来掌控飞机，于是，在这种情况下避开风险，穿越云层，最后安全地降落下来。这些都是一个心理素质的考验，如果当时我像我的乘客、我的朋友一样紧张就不行了。

刘芳菲：他们尖叫了吗?

陈玮：他们当时可能有点尖叫不出来了。

刘芳菲：有人哭吗?

陈玮：可能后来的话，他们觉得有点后怕地哭。

画外音：在飞行中遇到每小时 400 公里的强风是一件可怕的事情，陈玮告诉我们，在灾难电影中常见的那种可以把屋顶掀掉的龙卷风的风速一般是每小时 300 公里，他所经历的虽然不是龙卷风，但是直吹过来的强风冲击力比龙卷风更大。

陈玮：这种情况下对我来说应该是家常便饭，我觉得没有什么很大的问题。而且我知道是没有任何风险的，只是有点有惊无险。

刘芳菲：你这个环球飞行梦想的实现跟你个人的心理素质和你个人的性格是很有关系的。

陈玮：我觉得这是每一个环球飞行的人面临的挑战中最大的，而且一定要做好心理和身体上的准备，才能够完成艰巨的任务。

画外音：陈玮驾驶着飞机一路上侧着飞行，以免被强风吹到北极。飞机就这样一路斜着飞到了下一站，陈玮又一次平安地渡过了危机。

刘芳菲：那一刻，当惊险和惊喜共同出现在你的心里和眼睛里的时候，你特别希望能跟大家分享一个什么样的体验?

陈玮：当时我记得很清楚，就是说从格陵兰起飞看到那种美景，就是这根本没有人的足迹或者任何阴影的地方，全部是很自然的那种美景，而且是以冰川、海水和山脉结合在一起的那种碧蓝和白色之间的风景。我当时照了很多相片，当时美景美不胜收。

画外音：为了心中的梦想，历经生死考验，这个过程让陈玮感悟良多。

陈玮：通过这个事情以后改变了人生的很多世界观，改变了人的很多目标，而且改变了人生的很多梦想。我觉得在我一辈子中，不仅仅要把自己的事业做好，事业只是中间的一部分而不是全部。这是我觉得改变最大的地方。

第二部分

（在首都国际机场的停机坪上，陈玮热情地邀请摄制组参观自己的飞机。说起伴随自己环球飞行的好伙伴，陈玮显得格外自豪。）

陈玮：这个不仅是我的伙伴，而且是在天空中我生命的寄托者，它是单引擎飞机，有 4 个螺旋桨，用涡轮发动机，设计是非常特别的。

（因篇幅所限，此处省略关于飞机和机舱的介绍部分。）

画外音：陈玮介绍说，这次环球飞行的路上他并不是一个人飞行，为了保证安全，他在不同的飞行阶段都聘请了经验丰富的飞行员作为自己的副驾驶，而陪伴他飞行的乘客大多是在飞行途中召集来的。从一开始的只有一个人陪同，到后来每次飞行都是满员，陈玮表示这也是他在飞行中得到的最大肯定与鼓励。

陈玮环球飞行所驾驶的这架单引擎飞机，不仅仅是他生命的寄托，从某种程度上来说也是他此次飞行中最大的隐患。单引擎飞机以轻便灵巧等性能著称，但是它也有致命的缺点，那就是飞行时间短，续航能力差，并且只有一个发动机。在飞行过程中一旦遭遇发动机故障，将没有任何补救措施，后果不堪设想。

刘芳菲：为什么一定要用单引擎飞机来飞行呢？

陈玮：在航空领域，环球飞行已经不是一个很难的事情。以今天的科技来说，对于大飞机，或者湾流、空客等飞机做环球飞行已经是轻而易举了。挑战就在于用轻型的单引擎飞机，因为它的续航能力和它的飞行高度各方面的限制，它的挑战还依然存在。所以现在以单引擎飞机做环球飞行的挑战，依然是很多飞行员的梦想。

画外音：说起环球飞行，世界上从 1919 年人类第一次驾驶飞机环游世界开始，至今世界航空史上总共留下了 166 次环球飞行的记录，而驾驶单引擎飞机完成环球飞行的却极为罕见，这也让许多专业人士对陈玮此次环球飞行产生了质疑。

智杰（中国私用航空协会会员）：看了以后第一个感觉就是，这个人去环球飞行的话，他到底能不能飞。

陈江：我就觉得他经验不够，因为他当时只飞了大概 400 多个小时，400 多个小时相对这种资深的飞行员来说，是属于很短的一个时间，而且他之前的飞行基本上局限于在美国大陆这一块，他没有做过很多这种长途的飞行的经验。应变能力可能不够。

画外音：无论是飞机的选择还是陈玮个人驾驶飞行的经历，都预示着这次环球飞行将是一个艰难的任务。即便如此，陈玮不仅没有听从朋友的劝阻，反而变得更加兴奋，他一定要向世人证明自己可以驾驶这架单引擎飞机穿越火山灰，实现环球飞行的梦想。

刘芳菲：第一次环球飞行你就选择了一个单引擎飞机给自己这么大难度挑战，而且我知道你之前飞的小时大概是 500 个小时，也算不上是非常有经验的一名飞行员，为什么一开始就把难度提升到这个高度？

陈玮：挑战，人一生要做一件让自己很自豪，而且有梦想的事情。挑战环球飞行的话，像我这种 500 个小时的飞行时间，很多飞行员都跟我说，我的飞行经历太少了，但是我对自己的飞行能力还是很有信心的。虽然我的飞行时间不长，但是因为对飞行的热爱，一直花很多时间、精力在上面研究、培训、学习。所以我虽然飞行的时间只有大概 500 个小时，但是我的飞行的经验和经历还是比较好的。老飞行员觉得你才飞四五百个小时，飞行经验才几年，你就来敢想这种我们 1 万小时飞行员飞了 30 年都不敢想的事情。当时觉得确确实实很多人是抱着怀疑的态度来看这个事情的。然后调查了以后我发现没有一个中国公民做过环球飞行，这就增加了我能够成为中国第一个环球飞行的中国公民的信心——我有一个精神支柱在那里。

画外音：在很多人看来，陈玮当时很倔强，很有可能会因为倔强而付出沉重的代价，甚至在很多专业人士看来，这样的冲动飞行过于鲁莽，但是陈玮自己并不这么认为，在他看来飞行中遇到的各种难题都是有答案的，只是你有没有勇气与魄力去面对它，用冷静与智慧去解决它。

刘芳菲：在飞行的过程当中，你遇到的最大的困难是什么？

陈玮：整个飞行中间遇到的最大的困难，应该说是身体和心理的挑战，叫作身体素质和心理素质的挑战。飞行就是说所有的事情都是可以控制的，不管是天气、油、机场这些东西只要你做过很好的调查，它的风险都可以规划好、规避开。但是人的心理素质和身体素质是一个极限的挑战，它需要很有耐力，而且对发生的紧急情况要有一个非常冷静的思考来处理。

第三部分

画外音：环球飞行对于陈玮来说绝不是偶然发生的。小时候的陈玮像许多这个年龄阶段的孩子一样，常常会望着天上的小鸟，梦想着自己有一天也能够飞向天空。随着年龄的增长，许多人都忘记了这个梦想，但是陈玮将这个梦想深藏在了心底。

1971 年陈玮出生在长沙市区一个普通工人家庭，由于父母工作繁忙，陈玮三岁时就被送到了乡下的老家寄养，吃了不少的苦，小时候的辛苦生活培养了陈玮坚强独立的个性和乐观的性格。

刘芳菲：能够促成你这次环球飞行梦想的一个非常重要的原因，就是你的湖南人的性格。你小的时候是在一个什么样的氛围长大的？那个时候你是一个很倔强的孩子吗？

陈玮：我是在 20 世纪 70 年代出生的人。有个电影叫《阳光灿烂的日子》，看了以后我就感觉和我们当时在 70 年代末 80 年代初经历的童年非常相像。那时候是一种天真无邪，而且有点放浪不羁，当时不管是好事还是坏事，我也做了一些小孩子很调皮的事情，包括打架等，但是其实这也是一个人生长的一个经历和经验，要培养你的做人的真诚和人与人之间的这种情感。

画外音：在父母眼中陈玮小时候虽然有些调皮，也常常闯祸，但是骨子里是个执着而有毅力的人，只要是他想做成的事情一定会坚持。初三那年有一位老师看到贪玩的陈玮恨铁不成钢地对他说，如果你能考上重点高中，我就请你吃饭，但是没想到老师的这句话改变了陈玮的命运。

陈先杰（陈玮父亲）：他原来在家里晚上做功课，根本就不复习的，天天要坐在旁边叫他，他就好像给你完成任务一样的应付你，搞一下。（那件事情）以后那段时间自己很认真去看书，我就站在旁边看，看到他很努力，那段时间真的是很认真、很发狠，去复习，所以考（重点高中）一次就考过了。

画外音：为了赢得老师的一顿饭，陈玮开始努力学习，并且顺利地考入了重点高中。就在陈玮上高中时，一次招考飞行员的经历，唤醒了他埋藏已久的儿时飞行梦。

陈玮：当时记得高二的时候，空军来招飞，我就很踊跃地去报名参加，希望能够变成一个梦寐以求的飞行员。但是因为种种原因，选得很少，而且我个子也算比较高比较瘦的，所以也没有选上，所以那时候飞行的梦想就一直被压下来了。

画外音：没能实现飞行梦的陈玮，在那段日子里多少有些失落。1995 年大学毕业后的陈玮在长沙的一家外贸公司工做了一年，日复一日的平淡生活，让他觉得缺了点什么。于是陈玮做出了一个让所有人都吃惊的决定——去美国。

陈先杰：考托福这段时间，我们没有一个人懂英文，我和他妈都不懂，而且当时没有送他去读什么补习班，我记得非常清楚。他就在家里买了个随身听，不出去玩。我特别记得他用三个月时间复习。

李佩明（陈玮母亲）：他要做一个事情，只要认真地去做，他是可以做好的。他骨子里面他的个性就决定了他是这样的人。

画外音：就这样陈玮如愿地考上了美国孟菲斯大学。初到孟菲斯，东西文化的碰撞，给陈玮带来的不只是身体的疲惫，更是心灵的无助与彷徨。但陈玮很快就度过了适应期，并且开始思考如何为家里减轻负担。

陈先杰：在美国我后来听说他在读书的这些阶段，人家只打一份工，他打两份工。

李佩明：赚了 100 元美金，第一个 100 美金寄给我了。当时我记得存在中国银行。

画外音：陈玮渐渐习惯了在美国的留学生活，每天过得紧张而充实，但是在他的心中始终没有忘记飞行的梦想。1996 年陈玮在美国第一次登上了一位德国同学的私人飞机，那一次的经历让他终生难忘。他在写给父母的信中描述了这次飞行，兴奋之情跃然纸上。陈玮回想说，这次的经历重新燃起了他的飞行梦想，但是要拥有一架私人飞机，对当时的陈玮来说是想都不敢想的，所以这个梦想又被深深地封存在了心底。1998 年毕业后的陈玮在美国孟菲斯市开设了一间只有一个人的小公司，这也让他体验到了创业的艰辛。

李佩明：有一次我和陈玮到一家公司去，因为陈玮从小有一个毛病，就是经常流鼻血，没有休息好，或者压力太大的时候，他就会有那种现象。那天就是，又流鼻血了，而且那时流得蛮多的，没有纸巾，他就拿着报纸这么擦了擦，然后团了个团，往垃圾桶里面一扔，二话不说又到厂里去了。我当时也帮不上他的忙，我就在外面等他，我当时心里好难受，特别难受。

画外音：创业的路上从来都不会一帆风顺，十几年来陈玮的公司有过财务危机，有过顾客大批量退货的经历，陈玮始终用一种永不服输的精神往前走。公司从一间不足 10 平米的小房间，变成了拥有 10 多家分公司的企业，在事业上取得成就的陈玮一直没有放弃深藏在自己心中的飞行梦。2007 年陈玮在美国成功考取了飞行执照，并先后购买了两架私人飞机，实现了自己的飞行梦想，但是就在他学会开飞机后不久就冒出了一个大胆的念头——他要环球飞行。

刘芳菲：你这次的环球飞行筹备了多长时间？

陈玮：一共筹备了 18 个月。

刘芳菲：这个念头是 18 个月前才开始的吗？还是很久就已经有这个梦想了？

陈玮：我现在飞行的时间是不到 5 年，飞到两三年的时候已经开始感受到了飞行的乐趣。刚开始的时候也是觉得风险太大，到了两三年以后，每一个飞行员都想飞得更远、飞得更高，飞世界上的每一个角落。所以到了 3 年以后，就有一个萌生的想法，是不是能够做环球飞行？

刘芳菲：你当时计划这次航行的时候，你希望通过这一次飞行能够达到什么样的目的？

陈玮：刚开始计划环球飞行的时候，是完成自己的梦想，超越自我的心情来准备的。刚开始的话并没有很大的理想，也没有很大的愿望，但是在 18 个月的准备过程中间，有很多机缘让我产生了借助环球飞行做一些很有意义的事情的想法。

画外音：40 岁的陈玮认为，人一辈子就应该做一件让自己自豪的事情，于是他决定用 18 个月的时间准备一次环球飞行。在此期间他查阅了所有相关的资料，申请途经各国的签证，联系沿途一共 20 多个国家 40 个城市的各种活动，预计 70 天完成这次环球飞行计划。

刘芳菲：你这次把自己的个人环球航行定在 70 天，让我想到了那本熟知的小说叫作《八十天环游地球》，不过那是一个科幻小说，但是到您这里随着科技的发展，随着您个人的这份持之以恒的实践变成了现实，为什么一定要控制在 70 天呢？

陈玮：环球飞行有很多记录，它有最短的环球飞行，也有最长的环球飞行。控制在 70 天，主要的原因是从我的身体素质和心理素质来总体协调的。中间我要停 40 站，所以的话 40 天是绝对要的。

刘芳菲：一天一站。

陈玮：40 站，每天一站的话，也要 40 天才能完成，但是我每天到一个地方，希望不要安排得过于紧张，因为气候变化太快，每天要花在环球飞行的准备时间很多，如果过分强求一天一站，飞行以后就非常累。开始的时候我曾飞过六天六站，从加拿大第一天，第二天到了格陵兰岛，第三天到了冰岛，第四天到了苏格兰，第五天到了英格兰，第六天到了法国。这一路上，那天我记得我飞完以后，人有一种虚脱的感觉，睡了十几个小时才恢复过来。所以我确定了 70 天的行程，也是很仔细地考虑我的身体和心理的承受能力。

画外音：陈玮说除了身体和心理的承受能力，签证问题也是他决定用 70 天完成环球飞行的重要原因之一。由于这次飞行要经过 20 多个国家和地区，而且大部分国家的签证要求面试，这给他的环球飞行增加了不少难度。所以在短短的 70 天里，陈玮不但要负责驾驶飞机，还要妥善处理好这些事务性工作。

陈玮：关于签证的难度，每个国家让我进去的难度不大，最主要的是没时间，时间安排得非常紧张，就是说你要把所有的国家签证签下来，你只有 60 天的时间，如果时间太早签的话，到了以后签证有效期只有三个月，像我在印度的签证，我 2 月份就去签了，当时我希望他给我延长一点，但是他给我的签证就是 5 月二十几号就到期了，那时我还没起飞，等我飞到印度以后我也进不去了，所以又重新在 3 月份又来申请印度的签证，像阿曼等国都有这种现象，所以时间抓得非常紧，当时是在我起飞的 24 小时之内我才拿到我的护照。而且拿到护照以后还有三个国家没有完成签证。

刘芳菲：很多国家的大使馆接到了你的签证申请，当他们得知你是想完成一个个人环球飞行梦想的时候，大多数是一个什么样的态度呢？

陈玮：非常支持，他们都是按照最快的程序批准，有时候一个国家的签证就一天拿下来了。

画外音：面对陈玮环球飞行的决定，他的父母心情十分复杂，但是想到这会让陈玮实现自己的梦想，也就开始默默地祝福他。

陈先杰：只要他能够想的东西，我们作为父母都愿意去帮助他、支持他。有时候心里是非常不想，但是我们从行动上、从嘴巴上我们还是知道，特别像环球飞行，讲得不好听，这是构成风险的一个大事情。我看过的资料，100 年来可能有上千人准备环球飞行，但真正成功的只有 166 个人，还有很多夭折了在中间。所以这件事还是对我们有一些很大的压力，但是圆他的梦，他想要圆他的梦，而且我们父母只有一个理由——支持，对吧？只能从心里去祈祷、祝福他。

第四部分

画外音：在陈玮的飞行计划中，最让他兴奋的是他要飞越中国大陆，对于飞越中国的行程他做了详细安排。陈玮驾驶飞机 7 月 4 日从中国香港进入中国内地，并在长沙、西安、北京和哈尔滨停留 4 站。之所以选择这样的行程，是因为陈玮是湖南人，停留长沙可以回家看望父母亲人，到西安是去参加当地的一场活动，而停留北京是他这次环球飞行的重点，他要在北京出席一系列相关活动，并进行短暂的休整。最后一站之所以选择哈尔滨是因为那是陈玮太太的故乡，也可以从那里直飞俄罗斯。

刘芳菲：我们中国人驾驶的飞机飞回自己的祖国了。

陈玮：对。而且我在刚开始筹划环球飞行的时候，大家看到我的网站都是在很自豪地说中国公民环球飞行，以这个很自豪的方式向世界展示，并不是一个在海外的华人，而是以一个中国公民的身份来做这个事情。

画外音：2011 年 7 月 7 日，陈玮驾驶着飞机回到了故乡长沙，这是他环球飞行的第 26 站，看着机翼下熟悉的家乡，陈玮说他真切地体会到了近乡情怯的感觉，而在机场等待着他的亲人们也是万分激动。、

智杰：7 月 7 日到的长沙，然后等到他已经进入了长沙的领空的时候，我们已经是很激动了。终于要在祖国的土地上落地。他下了飞机以后，一看见我马上给了我一个很大的拥抱，我觉得他还是很激动的，包括当时我们也很激动，因为我们一共有 13 个人进的停机坪接他。

画外音：在长沙停留期间，很多亲人和朋友发现陈玮改变了很多，他不再是调皮的懵懂少年，而是变得更加成熟稳重了起来。陈玮说这一切都是飞行给他带来的变化。

刘芳菲：这种飞行对你的性格会有影响吗？

陈玮：影响其实挺大的。原先我的性格我的朋友都知道，我这人是急性子。

刘芳菲：湖南人。

陈玮：而且刚开始性格还有点暴、有点躁，做什么事情都非常急，一时做不好的话嗓门都大起来了，而且有一种蛮劲。但这次飞行中，我整个人知道这是个耐力赛，而不是一个体力活。起飞的第一天的心情的平静和我最终到达的平静，应该是一个很平稳的过程，因为任何时候你如果太过于激动的话，做决定的时候就会有犯错误的可能。我是一个喜欢大口吃肉、大碗喝酒，这种性情中人。拿大家的话说就是喜欢海阔天空的这种人，但是那种心情不适合飞行，在这次环球飞行中我控制得非常的一致，就是以完成环球飞行这个理念来控制自己。包括吃的东西，辣的东西我就尽量少吃，尽管我是湖南人，非常喜欢吃辣。

刘芳菲：就是无辣不欢，没有辣吃不下饭。

陈玮：但是如果吃辣椒导致我肠胃不舒服，就会对操控飞机产生影响，所以我一路上尽量避免吃辛辣，而且很多其他喜欢吃的东西，只要不利于飞行也都避开，这和我的性格很不相像。

刘芳菲：这次飞行可以说改变了你之前 30 多年的生活习惯，让我听起来，其实这个梦想实现的过程也像一个人自我修炼的这么一个过程，达到一个以前所不能够企及的高度。

画外音：在家乡长沙陈玮停留了 5 天，这也是他在这次环球飞行中停留时间最长的一站。在享受了短暂的家庭温暖生活之后，他又朝着下一个目的地出发了。这一次起飞他要飞向北京。

陈玮：飞进了北京首都国际机场，我非常兴奋。

智杰：世界上是一共有 160 多个人有过环球飞行，但是其中没有一个人飞过中国的领空。所以说陈玮是创造了好几大奇迹，也是个历史。7 月 12 日那天他降落在首都国际机场以后，我就跟他说，今天是个历史，这肯定是载入一个通用航空历史史册的。中国公民首次环球飞行，而且飞过祖国的空域，而且最重要的还是降落在首都（国际）机场。

画外音：在首都（国际）机场平均每两分钟就有一架飞机起落，由于陈玮所驾驶的单引擎螺旋桨飞机行动缓慢，如何不影响机场的正常运转，成了大家反复讨论的问题。最终的方案是选在早上 8 点前降落，以避开起降高峰。不等飞机着陆，你永远不知道会发生什么，这句话陈玮深有体会。7 月 12 日清晨，北京有雾，能见度低，在距离地面不到 100 米高度时，飞机上的陈玮只能辨认灯光，却看不见跑道。

智杰：然后陈玮也是坚持着不急不躁，好好地控制飞机，因为他的飞行技术还是不错的，然后落了地。只有他落了地，我们紧张的心才稍微地放松了一下，然后他正在滑翔的时候我们就进去了，去了他的停机坪，在整个的环球飞行当中落首都（国际）机场，这是他的一种夙愿。他是做梦也没有想到可以落首都（国际）机场。

画外音：虽然这次环球飞行还没有结束，但是陈玮说能够做第一个环球飞行的中国人，能够飞入祖国的领空，能够降落在首都国际机场，那几十年的梦想已经实现了。回想起自己坚持梦想，追求梦想的过程陈玮有许多感触。

刘芳菲：可能很多人心里都有梦想，特别是在人年轻的时候，极少数的人能够把这个梦想，在别人看来甚至有一些空想味道的梦想变成了现实，但是你做到了。对于那些怀揣着梦想的年轻人，你有什么话要对他们说呢？

陈玮：我的个人理解就是说我觉得梦想有大有小，每个人的梦想都是不一样的，有些人像环球飞行是个梦想，但是同时你身边的很多小事，或者你孜孜不倦地去做一件事情，这也是个梦想。我觉得任何人做事情只要有梦想，你就要坚持下去，人活着就要有梦，而且有这个梦就一定不要放弃。

画外音：圆梦并非此次环球飞行的全部，陈玮说自己还有其他使命。他在这次环球飞行的 40 站中，为当地的许多弱势群体献出爱心，用自己的实际行动帮助那些需要关爱的孩子，并且以此来联合世界各地华侨华人，共同塑造中国人翱翔蓝天的形象。

陈玮：我在海外旅居那么多年，提高中国的形象和为中国做点事情的愿望很高很强。我说其实每一个华人、每一个华侨团体，在海外都是一个珍珠，在当地沉淀，然后发光发热，给当地带来很多的贡献。我希望我的飞行是一条线，一条完整的线，把这些珍珠都一颗颗地串起来，变成一个项链，一根闪亮的项链。这样的话就更有意义地来体现我们中国 30 年改革开放带来的经济的繁荣昌盛，而且预祝我们祖国发展得更好。

画外音：哈尔滨是陈玮在中国大陆停留的最后一站，虽然只有短短的一天时间，但是陈玮还是特意安排了一场慈善活动，他说要把这份爱留在祖国。

（陈玮为当地孩子捐助的画面。）

陈玮：好好读书，好好学习，谢谢你今天到机场去迎接我了，等得太久了。下次见。

刘芳菲：陈玮现在距离你梦想实现，还有十几天的时间了，接下来的这段旅程是一段孤独的旅程，也是一段充满挑战的旅程。梦想完成之后，你最想做的事情是什么？

陈玮：第一个事情的话，梦想完成之后就是先休息。还有一个，有几个朋友已经许诺了，他们在我起飞之前的几个月都说，“陈玮你去环球飞行，我们不灌你的酒，你回来以后我们要好好地喝一顿”。

刘芳菲：中国人的习惯一定要接风酒。

陈玮：很豪爽的朋友，所以我也很感谢他们对我这么大的支持，大家是因为这个事情以后都是觉得特有自豪感，都从各个角度来帮助我。所以能够和朋友们好好地聚一聚，能够回到那种豪放的时刻，这也是我回家以后第一个想做的事情，同时也与家人团聚，这些在 70 天中损失了很多时间，将来就相对地补偿一点。

画外音：2011 年 7 月 19 日，陈玮驾驶飞机从哈尔滨启程飞往下一站俄罗斯，这也是他在这次环球飞行中最孤独的一段。由于天气多变以及环境复杂，陈玮在这一段行程中没有征集到任何同伴，这也就意味着那将是一段孤独的旅程。

（陈玮在机场出发的画面。）

陈玮：飞入中国，特别是飞入北京是一辈子的梦想。今天正好圆满地完成中国的飞行，下一站是俄罗斯。

画外音：2011 年 7 月 30 日陈玮顺利完成环球飞行，回到了他的出发地——美国孟菲斯市。从 5 月 22 日出发，陈玮驾驶飞机，先后途经加拿大、苏格兰、意大利、阿联酋、印度、中国、俄罗斯等国家，行程近 4 万公里，成功实现了首位中国人驾驶单引擎飞机的环球飞行。

（备注：本期专题采访曾在 CCTV4 央视中文国际频道播出。）

附录二

留言选录

赵倩 / 整理

2020 年 6 月 2 日　Shouli Yang

陈玮和陈江离开我们已经一年半的时光了，但他们的音容笑貌依然留在我们的眼前。特别是近来是陈玮的 49 岁生日，又勾引起我们对他们两位的无限怀念。

我相信他们在天堂一定安好，因为他们是给人们快乐和温暖的人，不论他们身处何地，也总会有明媚的春光与他们相伴。

2020 年 6 月 1 日　Lijing Xu

生日快乐！希望你和你的好兄弟陈江在天堂里一切安好。

2020 年 5 月 31 日　Wang-Ying Glasgow

Happy birthday Wei. You are sorely missed by your family and friends!

2020 年 5 月 31 日　Jianfeng Xiao

生 为龙之人
日 夜觅星辰
快 意为飞侠
乐 在玮中陈

2020 年 5 月 31 日　Qing Zhang

Happy Birthday dear friend! ! ! 想念你老朋友!

2019 年 12 月 23 日　Lijing Xu

陈玮，天堂的天空一定更宽广、更辽阔，你可以更加尽情地翱翔！在那个世界里，你一定还是最耀眼的星星之一！我们都很想念你和你的好兄弟陈江!

2019 年 12 月 21 日　Qiaohong Xu

笑颜如初，天堂安好!

2019 年 12 月 20 日　Gloria Z.

It's been a year, dearest friend.
An action is all that I need, I'll keep that in mind.
Take care.
We miss u.

2019 年 12 月 20 日　Jianfeng Xiao

再回首——陈玮周年祭

再回首 / 忘不了陈玮老乡 / 那一次乡亲们聚会的邂逅 / 唱歌跳舞 / 您是大家公认的高手 / 开心快乐 / 是您生命中一贯的节奏

再回首 / 忘不了陈玮兄弟 / 英姿飒爽在机舱口 / 热爱蓝天 / 是您飞翔的理由 / 灿烂的笑容 / 点亮我漆黑空洞的宇宙

再回首 / 忘不了朋友 / 最后一首歌的离愁 / 健硕的背影 / 消失在风雨的午后 / 而我心中烙下的 / 是您挥手时的温柔

再回首 / 我感谢上帝 / 又开启了一扇新窗口 / 不经意间 / 我们继续亦师亦友 / 人生漫漫 / 您仍然陪伴左右

再回首 云断归途 / 再回首 泪眼朦胧 / 再回首 恍然如梦 / 再回首 我心依旧 / 再回首 知否知否

等你回家 WE MISS YOU

往事历历在目 / 往事不堪回首 /365 个日夜相守 / 多少次梦中同游

留下您的祝福 / 寒夜温暖我 / 留下我的祝福 / 永远的朋友

2019 年 6 月 1 日　Lijing Xu

Wei，转眼间你和 John 已经离开我们快半年了，我们常常还是觉得那么不真实，不相信发生的一切。我们就当作你和 John 出远门了，一时半会儿回不来，我们终将也会去你们去的地方和你俩再次相聚。Wei，祝你生日快乐！愿你哥儿俩在远方互相照顾，一切安好！我们都很想念你们！

2019 年 6 月 1 日　Lian Zhu

Dear Wei,

It is your birthday today, and we just want to tell you how special you are for us. Have a wonderful birthday!

2019 年 2 月 2 日　Michelle Gan

The Road Not Taken

By Robert Frost

(Phillip Powers recited at Wei's Memorial Service)

Two roads diverged in a yellow wood,
And sorry I could not travel both
And be one traveler, long I stood
And looked down one as far as I could
To where it bent in the undergrowth;
Then took the other, as just as fair,
And having perhaps the better claim,
Because it was grassy and wanted wear;
Though as for that the passing there
Had worn them really about the same,
And both that morning equally lay
In leaves no step had trodden black.
Oh, I kept the first for another day!
Yet knowing how way leads on to way,
I doubted if I should ever come back.

I shall be telling this with a sigh
Somewhere ages and ages hence:
Two roads diverged in a wood, and I—
I took the one less traveled by,
And that has made all the difference.

2019 年 1 月 12 日　Lian Zhu

Hundreds of people gathered at the University of Memphis on Saturday, January 5, 2019, to remember Wei Chen, the founder and CEO of Sunshine Enterprise.

2019 年 1 月 6 日　William Wu

“我要飞得更高……”激昂的歌曲仍在脑海里回荡。

追思会上，来自世界各地的，来自各个行业的，来自玮各个经历阶段的朋友，缅怀追忆并见证陈玮那光芒万丈的人生经历。

陈玮先生于我，仍是一个震耳耀眼的传说和英雄般的存在！

我本人与陈玮先生未曾谋面，第一次耳闻大名，是在我们搬来孟村的第二年的独立日航空展。在密西西比河岸，人们仰望天空，只见一架“二战”老机呼啸而至，俯冲到眼前，旋而急速拉升，盘旋，倒飞，把老战斗机飞得崭新，我心说，端得是副好身手！人群中有人高喊“陈玮，陈玮”，我不禁纳闷，陈玮何许人也？什么路数让人们知道是他在展示威武？但英雄的名字我从此记下了。

若干年后，在一次春晚上，陈玮先生上台发言，我才有幸看到真人，如此伟岸、俊朗、阳光的年轻人！并看到陈玮先生是位慷慨的人，慷慨不仅是财务奉献，更是分赐光和热，分赐积极人生和理想，更是激励人们梦想高远。

英雄从不死去，浩瀚的天空，陈玮永远高飞，唱着歌！

陈玮先生，孟村永远的遗产和财富！

2019年1月6日 Xiaolin Xie

My sincere condolences to the families of Wei Chen. As a 99s student pilot, I admired our shared role model Wei for long through his books and stories. Not until 2018 Zhengzhou Airshow did we met in person as he grouped the earth-rounders to China-first of such in history, inviting me to the night gala-my fist time with so many honored pilots. I feel so proud that a Chinese pilot led all of these celebrities in global general aviation. I got his signatures for both his books. Furthermore, we gathered at Warbird Area of 2018EAA in Oshkosh, just end of this July, accompanying him with briefing and fleet formation with other US top pilots-first such of Chinese pilot in KOSH. I flew there with Cherokee fleet team and he encouraged me that his very initial flight (in2009 if I remembered) to EAA was also a Piper then gradually we keep flying and can upgrade more-complex birds. Wei is nice and kind to all of us showing his airplane, telling us his story, while he joint our dinner with Chinese dishes in Wisconsin-the only and best one-friends cheers together, right? With him, we always feel warm and inspired to continue pilot life in general aviation. As everyone else, I was so shocked at the news and moved to tears. It is a huge loss to all of us. Wei is flying higher and he is still encouraging everyone to pursue dreams.

R.I.P.

Xiaolin Xie on Jan. 6th, 2019 in Shenyang, Liaoning of China.

2019 年 1 月 5 日　Dezhen Han

我们非常难过没有机会去送你最后一程。当初听到那让人难以置信的噩耗时我们不敢相信也不愿意相信那是真的。直到今天我们仍然希望那不是事实。我们相识已经有 20 多年了。每次相遇不论在公共场合还是在你们家的私人聚会上，你那阳光帅气的脸上总是洋溢着温暖的笑容。我们看着你从一个 20 出头的留学生成长为一个社会活动家、企业家和公益慈善事业人士。你的所作所为是我们华人的骄傲和榜样。你的音容笑貌将永远伴随着我们。愿你在外星世界继续翱翔！

2019 年 1 月 3 日　Greater Nashville Chinese

沉痛悼念陈玮先生，陈玮先生的事迹令人非常钦佩，为失去这样一位杰出的人才感到惋惜。愿逝者安息，一路走好；愿家人保重，节哀顺变！

纳城华人协会

2019 年 1 月 2 日 Lijing Xu

如果时间能够倒流，我一定早点读你写的书，我一定找机会和你深入地聊聊，这么多年以来，你是怎样一步步突破自己的舒适区，闯荡出属于自己的一片天空；而在你成功的背后，又是怎样以一颗赤子之心，满怀一腔热血，致力慈善，回馈社区。只可惜时光无法倒流，人生也没法重来，我们再也没有机会面对面更深地去了解你。但是我们都知道，你是一个不平凡的人，是天空里一颗耀眼的星星，虽然短暂地划过星空，但是那光亮足可以激励和温暖很多很多人。你在人世间的半辈子却活出了别人几辈子也活不出来的精彩！

纵然有千般不舍万般惋惜，我们也只能暂时道别，心碎地看着你离去。陈玮，愿你在天堂安息！

2019 年 1 月 1 日 Bin Li

无论你身处何地，走向何方；无论你过去的一年，踌躇满志、快乐多过悲伤，还是暂时不顺、心生失望；所有的人都是一样，同乘时光穿梭机，飞过 2018，同时进入 2019，人生崭新的篇章。2019，新的黎明，新的视野，新的希望。朋友们，抖落痛苦，扬起风帆，迎接新年第一缕曙光，让希望在新的一年实现，让美好的生活继续，让陈玮兄弟的友爱，在新的一年与你我同在，永远弘扬。

2019 年 1 月 1 日 Hu Family

It has been sad for all of us for the last 12 days. All memories of you in community events, parties, and family gatherings have been in front of our eyes each day. You were dear to all. We miss you as a model citizen, community leader, and a family friend. Memphis, Memphis Chinese Community, and our family are forever different without you. Rest in Peace!

2018 年 12 月 28 日 Yun Jiao

亲爱的陈玮兄弟，我昨天带着儿子去你家里，看望了你父母、朝晖和孩子。

我看着你意气风发的、精神抖擞的照片，禁不住流下眼泪。我不想说你的优秀、你的成功，你对华人社区的影响和贡献。但我想说你是一个好儿子、好丈夫、好爸爸。我也想说你走得太早了、太快了。

你走了，却留下了所有的不舍：有对父母的眷恋，有对妻子的爱恋，有对孩子们的关恋，有对朋友的友恋。

我给你点了香，我只想告诉你，我永远记得你和你们家对我的支持帮助。我也想告诉你，我会尽力帮助你的家人。

2018 年 12 月 28 日 HAWK LEI

敬爱的陈玮老板，作为公司 16 年老员工，作为商翔集团大家庭的一分子，得知您亚特兰大发生飞行事故遇难消息，泪流满面，万分悲痛。

您的一生无疑是励志的，是拼搏的，是成功的！怀揣着对梦想的执着和坚持，充满着对生活的热爱，又心怀慈悲热心公益。

还记得环球飞行那年，和公司同事一起去香港机场迎接您，那时的您何等意气风发。时间转瞬即逝，今年一别，竟然成永别。人生虽终有一别，但“或轻如鸿毛，或重如泰山”，陈玮先生的去世无疑是后者，这从各界人士发来的致悼词即可知。

陈玮先生为他痴迷的飞行而死，虽然以这种方式退出人生舞台过于悲壮，让亲人朋友伤心，但是作为环球飞行中国第一人，他为中国航天史做出的贡献，留下了华丽的一笔，将永记史册！

耳边又响起了您在云上八万里唱的那首《飞得更高》，愿您驾驶着心爱的飞机，在天堂继续快乐飞行……

2018年12月27日 Zhiqiang Cai

身飞万里，历几多风雨，经年常苦天下事
德载千秋，具何等胸怀，一秒不忘世上人

蔡志强敬挽

2018年12月27日 Youzhuang Chen

噩耗传来，陈玮贤弟猝然离世；我们不敢相信，更不能接受；悲痛万分，悲伤不已！

陈玮贤弟，世家俊才，雄姿英发，合璧中西；求学于美国，开拓创业于东西两方，运筹帷幄，励精图治，方铸成今日商翔集团之辉煌。

陈玮贤弟，心性敦厚，热情洋溢，博施好善，广结佳缘；四海以为家，五洲皆兄弟，结成中外广泛之邦交。

陈玮贤弟，胸怀辽阔，志向高远，驾机飞行，蓝天展翅，鹰击长空，壮志豪情，实现其宏伟愿志，是中国驾机环球旅行第一人。

忆往昔，我们与陈氏父子莫逆之交，同甘共苦，相互扶持，分享荣光，相互鼓励，情趣相投，亲如两代兄弟。

然而，命运之无常竟在须臾之间。正当陈玮贤弟事业如日中天之时，正当家庭步向更加幸福之美满，正当准备再次展开臂膀，翱翔于更高更广阔的蓝天之上，飞来横祸让其生命戛然而止。美国友人说，陈玮贤弟为他酷爱的飞行而生而死，将爱神与死神相连。

悲哉，痛哉，惜哉，怨哉，人生在世，没有完美，天妒英才。

苏轼文曰："逝者如斯，而未尝往也；盈虚者如彼，而卒莫消长也。"

逝者已去，生者再来，阴晴圆缺，此消彼长。

春风吹拂，万物苏醒，生命再来。

又莊 倩萍
悼念于纽约

2018 年 12 月 26 日　Wu Cuihua

陈玮不仅是一个商业奇才，是一个有理想、有抱负、敢于拼搏的勇士，还是一个好儿子、好丈夫、好父亲。不管工作多么繁忙，在孩子们放假的时候，总会挤出时间，带着一家老小去看看外面的世界。在结婚纪念日、妻子的生日，不管多远都会赶回来与家人团聚。陈玮是一个重情重义的男子汉。

2018 年 12 月 26 日　Qing Zhang

大孟联和中文学校初成立，急缺的资金大量捐助中有陈玮，孟城华人第一届春晚大头儿捐助中有陈玮……这让我从心底敬重起这位有爱心敢担当的年轻人。后来接连的十几年：办社区春晚、组织重大活动、帮助遇难的家庭、驾驶飞机环球飞行、捐助儿童医院、公司扩大至加州、主办 Memphis in May……都有他的主导或捐助！他常将超越人思维和胆略的事付诸行动，使事业步步兴旺，并杰出地打入美国社会，爱心满满，人气爆棚。如此的名人，接触和交往中又让人倍感帅气、有活力、谦和并笑容满面。这一切，让孟城华人有了更多的凝聚力，榜样的力量也激励着人们奋进和为社区奉献！

然而，一切美好在瞬间消失……

陈玮好弟兄：愿你是飞向更超越的世界，完成你更美好的志愿，飞得更高……

2018 年 12 月 24 日　Liang Zhang

魂归长空，永远飞翔

——孟菲斯大学中国学生会沉痛悼念优秀华人校友陈玮先生

陈玮先生生前为孟菲斯华人社区做出了巨大贡献，同时也是孟菲斯地区优秀华人代表。他曾经撑起了孟菲斯华人世界一片天空，环游世界，翱翔天空，他是如此的耀眼夺目。如今，恰如一道灿烂的光芒划过天空，用生命为这个世界留下了他的最后一抹光彩，留下的是永不磨灭的精神丰碑。

陈玮先生是 1998 年孟菲斯大学 MBA 专业毕业，如今已经整整过去 20 年。陈玮先生离开了，但是他的光辉事迹和精神必然永存我们心中，更是激励年轻吾辈更应发愤图强，为华人世界增光添彩。

张亮

孟菲斯大学中国学生会

2018 年 12 月 24 日

2018 年 12 月 24 日　Xintian Cao

陈玮大哥，感谢你给我分享了你第一次舍不得 100 美元体验赛斯纳 172，为了你的飞行梦想不断努力，成就了今天的传奇，你是我们湖南人的骄傲，更是我们中国人的骄傲！

你的老乡小弟感谢你的鼓舞和引领，有大哥的好榜样让我从一个飞行爱好者不断成长，持续坚守航空事业！

祝大哥永远快乐飞翔！

2018 年 12 月 24 日　Fan Peng

由于工作的原因，认识了陈总，陈先生热爱飞行，更乐意分享，每一次飞行计划我基本会为你点赞，每一次飞行也都让人振奋。陈先生热爱生活和事业，就像笑容那么有感染力，影响身边每个人，激励更多的人加入航空队伍和事业之中，祝愿永远快乐飞翔，祝愿航空事业发展更好。

2018 年 12 月 24 日　Lv Haifeng

久仰陈先生，未曾谋面，终成遗憾，带着对天空的执着和对大地的眷恋起飞，让梦想照进现实，您是华人的翘楚、飞友的榜样，再也看不到您归来的航迹，愿先生一路走好，CAVU。

2018 年 12 月 24 日　雁黄

三年前，我在学校图书馆偶然阅读到您环球飞行的巨作，对您的经历和影响感到万分崇敬，这也带动我走向航空业的步伐。两年后收到您的亲笔签名书，这是对我飞行梦的又一大鼓励！此刻心情无比沉重，多希望只是做了一场梦……愿您在那个更高的地方继续快乐飞翔，永远怀念您。

2018 年 12 月 23 日　Gloria Z.

每次交流您总能带给我许多启迪：关于事业，关于生活，关于自己，这次是关于生命。

直到现在还不愿相信您就这样飞往天国，看着大家纷纷发布与您有关的照片，分享与您的过往，您的音容笑貌一切都仍在眼前。

真希望您能再与我们分享一下美丽的飞行的故事，分享一下您对未来的期许，分享一下您对生活的热爱。您对这个世间所留下的种种美好会让您永远地存在下去，会继续影响更多更多的人，一切都会像您没有离开过一样。

只是如果您还在这里，就好了。

一路走好，越飞越高。

从天国看人间，应该很美吧。

2018 年 12 月 23 日　Peng Luo

好兄弟，虽然我们素不相识，但请允许我叫你一声好兄弟！

一直知道你为 St.Jude 做了很多事，特别是上次慷慨解囊支持儿子的同学们为感谢 St.Jude 对儿子锲而不舍的救治而发起的 5K。敬佩之余总想结识面谢，而为数不多的几次机会你总是那么忙，心想着别打扰，下次吧，来日方长！

晴天霹雳，噩耗传来，不得不承认的是：来日并不方长！悔不该当初没有抓住机会当面表达谢意！

如今只有默默祈祷，祈祷兄弟在天之灵早日安息！祈祷家人节哀顺变，多多保重！

2018年12月22日 Xinhua Yu

陈玮大哥，一路走好！

每次见你都很匆忙。但每次你都是面带笑容，热心解答我们的各种问题和接受我们提出的各种要求。每次你都是无条件地答应我们，赞助我们各种活动。因为我们知道，你对孟菲斯华人社区是无条件地支持。

你的高风亮节、诚挚待人的作风让我敬服，你的不畏挑战、果敢创新的勇气也让我钦佩。愿你在天堂安息！

2018年12月22日 Wenkai Liu

惊闻噩耗，扼腕仰天长叹，难以相信，多年没有的泪水在悲伤的思绪中涌出，你是孟菲斯乃至全美国和世界华人的骄傲！想当年请你来公司讲演，讲述你的驾机环球旅行，见君谈笑风生，听者如潮，我由衷佩服你的壮举！问苍天为何如此不长眼！问这世界为何对英才如此不公！实在难以接受这个事实……愿英雄化作苍鹰永远翱翔在蓝天，同时作为英雄永存在我们的心中！

附录三

各地唁电

中华人民共和国大使馆
THE EMBASSY OF THE PEOPLE'S REPUBLIC OF CHINA
2300 Connecticut Avenue, N.W.
Washington, D.C. 20008

唁　电

大孟菲斯华人联合会：

惊悉大孟菲斯华人联合会创会主要成员、著名华人飞行家、企业家陈玮先生不幸遇难，深表悲痛和惋惜！

陈玮先生长期热心社区工作，积极参与并支持大孟菲斯侨界举办的各类活动，起到了积极的表率作用。他富有冒险精神，成为中国环球飞行第一人。他的逝世，是田纳西州和大孟菲斯地区侨界的重大损失。

谨向陈玮先生家属及亲友表示沉痛哀悼和诚挚慰问！

驻美国使馆领事部

2018 年 12 月 21 日

➤ 中华人民共和国大使馆驻美国使馆领事部唁电

湖南省归国华侨联合会

唁　电

美国南加州湖南同乡联谊会并陈玮先生家属：

惊悉贵会前会长、现任理事长李佩明之子，大孟菲斯华人联合会创会主要成员、著名华人飞行家、企业家陈玮先生不幸遇难，深表悲痛和惋惜！

陈玮先生长期热心社区工作，积极参与并支持大孟菲斯侨界举办的各类活动，起到了积极的表率作用。他富有冒险精神，成为中国环球飞行第一人。他的逝世，是田纳西州和大孟菲斯地区侨界的重大损失。

谨向陈玮先生家属及亲友表率沉痛哀悼和诚挚慰问！

湖南省侨联
2018年12月24日

▶ 湖南省归国华侨联合会唁电

长沙市归国华侨联合会

唁　电

美国南加州湖南同乡联谊会并陈玮先生家属：

惊闻贵会前会长、现任理事长李佩明之子，大孟菲斯华人联合会创会主要成员、著名华人飞行家、企业家陈玮先生不幸遇难，深感悲痛和惋惜。

陈玮先生作为湖南长沙籍华人，积极参与并支持大孟菲斯侨界举办的各类活动，在美国热心慈善公益，为海外华人贫困学生提供帮助，在侨界起到了积极的表率作用。他是中国环球飞行第一人，在侨界有重要影响。他活跃于美国企业界和金融界，是在美华人的优秀代表。陈玮先生的精神我们感怀敬佩，他的不幸去世，是侨界的憾事，更是侨界的重大损失。

长沙市侨联谨对陈玮先生去世表示沉痛哀悼，并向陈玮先生亲属致以深切慰问。

愿陈玮先生安息！

长沙市归国华侨联合会
2018年12月24日

▶ 长沙市归国华侨联合会唁电

亞洲地區中國和平統一促進會聯合總會
Asia Association for the Promotion Of Peaceful Reunification Of China

唁　電

驚聞大孟菲斯華人聯合會主要創會成員、著名華人飛行家、著名企業家、著名僑領、中國環球飛行第一人陳瑋不幸遇難，我會深表悲痛。

陳瑋先生長期以來多次通過飛行活動積極推動華人美國及全球社會地位的提高，積極參與美國僑界的各項活動，陳瑋先生極富冒險精神，克服重重困難，成爲中國環球飛行第一人。他的遇難實屬天妒英才，是美國及全球僑界的巨大損失。

謹以此函向陳瑋先生的家屬親友致以沉痛的哀悼及誠摯的慰問。

亞洲地區中國和平統一促進會聯合總會
會長　王志民
2018年12月23日

WWW.AAPPRC.COM

▶ 亚洲地区中国和平统一促进会联合总会唁电

泰國【中國和平統一促進會】

WORLD CHINESE UNITY CENTER (WCUC)

www.Uniting Chinese.Org

唁　电

惊闻大孟菲斯华人联合会主要创会成员、著名华人飞行家、著名企业家、著名侨领、中国环球飞行第一人陈玮不幸遇难，我会深表悲痛。

陈玮先生长期以来多次通过飞行活动积极推动华人美国及全球社会地位的提高，积极参与美国侨界的各项活动，陈玮先生极富冒险精神，克服重重困难，成为中国环球飞行第一人。他的遇难实属天妒英才，是美国及全球侨界的巨大损失。

谨以此函向陈玮先生的家属亲友致以沉痛的哀悼及诚挚的慰问。

泰国中国和平统一促进总会
会长　王志民
2018年12月23日

▶ 泰国中国和平统一促进总会唁电

附录四

题词

祝贺

《朋友眼中的陈玮》出版

中国环球飞行第一人，

有大胆梦想，

更有实现梦想的毅力！

张素久敬贺

2020年12月26日

于洛杉矶

张素久：著名爱国将领张治中将军的女儿。中国侨联海外顾问，中国海外交流协会常务理事，中国宋庆龄基金会荣誉理事，美国南加州华人社团联合会荣誉主席，巾帼会会长

附录五

编委会成员照片

李佩明

张家卫

何璐璐

厄尔·布兰肯希（Earl Blankenship）

白捷

周其弘

王慧英

李湘宏

Amy

高远洋

颜冬青

郭阳

Verne Harnish

王莹

梁邵鹏

黎民欣

李胜斌

仇序

郑淑清

吴炳林

李锐

A.C.Wharton

奚卫林

杨守礼

郁新华

米粒儿

Dr. Orlando Ly

庹铁舰

欧阳源远

姜晴

陈理

肖洲生

熊猫姐姐陈晓笛

邢翠霞

青木 Elena

陈玮（女）